W0192336

Dr. Klaus Heinemann
& Gundi Heinemann

ORBS

Lichtboten der größeren Realität

Neue Erkenntnisse
über ihre Heilkraft
und Botschaften

Aus dem Amerikanischen von
Thomas Görden

Titel des amerikanischen Originals:
Orbs – Their Mission and Messages of Hope

Copyright © 2010 by Klaus und Gundi Heinemann

Besuchen Sie uns im Internet:
www.AmraVerlag.de

Tune into Hay House broadcasting at:
www.HayHouseRadio.com

Deutsche Ausgabe:
Copyright © 2011 by AMRA Verlag
Auf der Reitbahn 8, D-63452 Hanau
Telefon: + 49 (0) 61 81 – 18 93 92
Kontakt: Info@AmraVerlag.de

Published by Arrangement with Hay House UK Ltd.
All rights reserved.

Die vorliegende Übersetzung wurde von den Autoren
durchgesehen und gegenüber dem amerikanischen Original
aktualisiert. Neue Interviews mit ihnen enthält die DVD
»Orbs – Der Schleier hebt sich« (Amra Cinema).

Herausgeber & Lektor	Michael Nagula
Umschlaggestaltung	Frankl Design
Layout & Satz	nimatypografik
Druck	FINIDR, s.r.o.

ISBN 978-3-939373-64-3

Alle Rechte der Verbreitung, auch durch Funk, Fernsehen
und sonstige Kommunikationsmittel, fotomechanische oder
vertonte Wiedergabe sowie des auszugsweisen Nachdrucks
der Übersetzung, vorbehalten.

INHALT

Unseren Kindern
und Enkelkindern

Vorwort

Es ist mir eine Ehre, das Vorwort zu diesem bahnbrechenden neuen Buch von Klaus und Gundi Heinemann zu schreiben. Welche Hochachtung ich für sie empfinde, lässt sich in Worten nicht angemessen ausdrücken. Das betrifft nicht nur ihre Professionalität, mit der sie Wissen präsentieren, das viele Leben verändern wird, sondern auch die Bescheidenheit, die sie beim Umgang mit diesem Thema und den Menschen auszeichnet, mit denen sie leben und arbeiten. Ihre Integrität bei der Erforschung und Dokumentation des hinter den Orbs stehenden Bewusstseins und seiner heilenden Absichten ist über jeden Zweifel erhaben.

Einige Leser dieses Buches kennen vermutlich Dr. Klaus Heinemanns wissenschaftliche Qualifikation und die Bücher, deren Autor oder Mitautor er in den vergangenen zwanzig Jahren war. Vielleicht wissen Sie, dass er Professor für Werkstoffkunde an der Stanford-Universität war und für sein lebenslanges Wirken auf diesem Fachgebiet hohes Ansehen genießt.

Das vorliegende Buch beschäftigt sich zwar mit Physik im weiteren Sinne, es ist aber nicht vollgestopft mit wissenschaftlichen Formeln, die selbst die hartgesottensten Leser schnell verwirren und ermüden. Ganz im Gegenteil besteht das Anliegen dieses Buches darin, Verwirrung zu beseitigen und grundlegende und angemessene Hinweise für die Existenz des

Orb-Bewusstseins vorzulegen. Die Fähigkeiten der Orbs, als Helfer und Heiler zu agieren, wird anschaulich dokumentiert.

Mit diesem Buch und der ihm zugrunde liegenden Forschungsarbeit haben die Heinemanns wirklich Herausragendes geleistet. Sie sind um die Welt gereist und haben Orbs in Südamerika, Europa und den Vereinigten Staaten fotografiert. Gundi hat ihr bemerkenswertes Fachwissen auf dem Gebiet der Energieheilung beigesteuert. Seit die Heinemanns im Jahr 2004 auf das Orb-Phänomen aufmerksam wurden, hat Gundi ihren Mann bei Orb-Projekten unterstützt. Zusammen mit mehreren anderen Experten wurden sie für den Film *Orbs – Der Schleier hebt sich* interviewt, der das Wissen über Orbs all jenen näherbringt, die neugierig sind, was es mit diesen hellen kreisförmigen Objekten auf unseren Digitalfotos auf sich hat.[1] Mittlerweile liefert die enorme Menge des von den Heinemanns gesammelten Materials einen überzeugenden Tatbestand für das Bewusstsein der Orbs und ihre heilenden Absichten.

Urteile über religiöse Vorstellungen, wissenschaftliche Theorien oder Menschen im Allgemeinen werden Sie zwischen den Buchdeckeln von *Orbs – Lichtboten der größeren Realität* nicht finden. Auch Berichte über Gespensterjagden und Spukhäuser sollten Sie auf den nachfolgenden Seiten nicht erwarten. Finden werden Sie hingegen eine erfrischende Sammlung von Geschichten über Menschen, die das Orb-Phänomen entdecken, ihre Fotos miteinander teilen, zu genauen, aufmerksamen Beobachtern der Orbs werden und ergründen, was deren Existenz für unser Leben bedeutet. Unter diesen vielen Geschichten befindet sich auch meine eigene – eine karmische Reise durch das Leben von George Eliot. Sie begann damit, dass ich einen Orb auf einem Foto von meiner Bibliothek entdeckte, und gipfelte in einer karmischen Offenbarung und Heilung. Meine Geschichte, wie auch die von vielen anderen, wird dazu beitragen, Ihnen neue, faszinierende Möglichkeiten zur persönlichen und planetaren Heilung zu erschließen. Hinzu kommt, dass viele Fotos in diesem Buch sich mit ihrer herausragenden künstlerischen Qualität bestens dafür eignen, als Hilfsmittel für Meditation und Heilung eingesetzt zu werden.

Täglich erscheinen neue Geist/Körper/Seele-Autoren auf der Bildfläche und mäandern durch die metaphysische Landschaft. Doch dann und wann sorgt ein phänomenales Buch mit schockierender Klarheit für einen echten Durchbruch. Klaus und Gundi Heinemann haben ein solches Buch geschrieben. Zwei weitere in dieser Hinsicht besonders einflussreiche Autoren sind Masaru Emoto (*Die Botschaft des Wassers*) und Lynn McTaggart (*Das Nullpunkt-Feld*).[2] Wenn auch die Forschungsmethoden und Erkenntnisse dieser Schriftsteller Unterschiede aufweisen mögen, so stimmen sie doch darin überein, dass sie der Verbindung von Körper, Seele und Bewusstsein größte Bedeutung beimessen.

1962 umrundete der Astronaut John Glenn dreimal die Erde. Dabei erreichte er eine Geschwindigkeit von über 27.000 Stundenkilometern. Weniger als fünfzig Jahre später können Touristen einen Sitzplatz in einem russischen Raumschiff buchen, um die Internationale Raumstation zu besuchen. Wenn Menschen sich für eine Idee begeistern und auf ein gemeinsames Ziel hinarbeiten, sind schnelle Fortschritte möglich. Ich bin fest überzeugt, dass die Arbeit von Klaus und Gundi Heinemann wegweisend für alle ist, die bereit sind, für die Heilung der Menschheit zu neuen Ufern aufzubrechen.

– Dr. theol. Freda Chaney
Autorin von *George Eliot Lives: An Incredible Story of Reincarnation*

Eingangsbemerkung

Weltweit haben unzählige Menschen auf ihren mit Digitalkameras aufgenommenen Blitzlichtfotos opake kreisförmige Gebilde (Foto 1) entdeckt und sich gefragt, was es damit auf sich hat. In einem früheren Buch, das Klaus zusammen mit Dr. Míceál Ledwith veröffentlichte, *Das Orb Projekt*[1], haben wir diese Phänomene ausführlich untersucht und Vermutungen darüber angestellt, um was es sich dabei handeln könnte und wie sie auf die Fotos geraten.

Das Orb Projekt gelesen zu haben ist gewiss hilfreich, aber keinesfalls eine Vorbedingung, um dieses Buch verstehen zu können. In *Orbs – Lichtboten der größeren Realität* laden wir Sie zu einer Entdeckungsreise ein, die Ihre Wahrnehmung erweitern wird. Wir fragen, ob dem Auftauchen des Orb-Phänomens eine tiefere Bedeutung, eine wichtige Botschaft innewohnt.

Ein solcher Vorstoß in neue Wissensgebiete kann ziemlich persönlicher Natur sein. Er ist wie ein Abenteuer in einem neuen Land, das Sie nie zuvor besucht haben. Jeder Forscher macht auf einer solchen Reise einzigartige Erfahrungen, abhängig davon, was er oder sie sieht, fühlt und erkennt. Mögen die hier präsentierten Fotografien und Geschichten von Orb-Enthusiasten aus aller Welt für uns eine Quelle des Staunens und der Ehrfurcht sein. Erforschen wir, welche Bedeutung sie für uns haben könnten.

Bei diesem Buch handelt es sich um ein Gemeinschafts-werk im wahrsten Sinne des Wortes. Die Autoren, ein Ehe-paar-Team, haben die meisten dieser Orb-Aufnahmen selbst gemacht. Alles begann im Herbst 2004 während eines spiri-tuellen Retreats in Chicago, bei dem der bekannte Heiler Ron Roth sie bat, Fotos seines Workshops zu machen. Die Arbeit an diesem Buch entwickelte sich zu einem gemeinsamen Pro-jekt, wobei die Beteiligten ihre besonderen Schwerpunkte einbrachten. Gundi, ausgebildete Pädagogin, Expertin für alternative Heilmethoden sowie Künstlerin/Fotografin, kon-zentrierte sich mehr auf die künstlerische Seite dieser Arbeit mit den Orbs. Klaus, ein studierter Physiker, beschäftigte sich bei seiner Erforschung der Orbs stärker mit rationalen und logischen Erklärungsansätzen für das Phänomen.

Beide teilen ein starkes Interesse an Religion und Spiri-tualität, und in diesem Bereich herrscht in ihrer Arbeit, wie sie in diesem Buch präsentiert wird, vollkommene Überein-stimmung.

Aber der Unterschied in der akademischen Ausbildung er-klärt, warum manche Kapitel eher von Gundi geschrieben zu sein scheinen, während andere stärker die Handschrift von Klaus tragen. Eine vollständige Durchmischung ihrer beiden Schreibstile war weder beabsichtigt noch realistischerweise durchführbar. Nichtsdestoweniger herrscht zwischen den Autoren absolute Einigkeit bezüglich des in diesem Buch präsentierten Materials, und es war ihnen eine Freude, ge-meinsam daran zu arbeiten.

EINLEITUNG

Das Schönste, was wir erleben können,
ist das Geheimnisvolle.

— Albert Einstein

Die Frage, ob es bewusste Lebensformen außerhalb des physikalisch-materiellen Bereichs[1] gibt, zählt zweifellos zu den meistdiskutierten und kontroversesten Themen, mit denen die Menschheit sich im Lauf ihrer Geschichte befasst hat.

Bis in jüngste Zeit gab es nur anekdotische Beweise – diese allerdings in rauen Mengen – für die Existenz »nichtphysischen« Lebens. Der Durchschnittsmensch kann »andersweltliche« Lebensformen weder unmittelbar sehen noch spüren. Auch kann er kein physikalisches Experiment entwerfen, mit dem sie sich zweifelsfrei nachweisen ließen. Wir wurden dahingehend indoktriniert, Dinge, die nicht gesehen, gewogen oder mit konventionellen wissenschaftlichen Methoden nachgewiesen werden können, für nicht real zu halten. Nichtphysikalische Phänomene sind eine Frage des *Glaubens*.

Demnach neigen wir dazu, abhängig von unserer individuellen Konditionierung und persönlichen Vorliebe, an die Existenz einer nichtphysikalischen Realität zu glauben, diese zu bezweifeln oder völlig abzulehnen. Und ebenso gilt dies für die Annahme, es könnte nichtphysische Intelligenzen beziehungsweise ein individuelles nichtphysisches Bewusstsein geben. Typischerweise finden wir uns irgendwo auf einer Skala wieder, die vom blinden Glauben an diese unsichtbare Wirklichkeit bis zur geradezu fanatischen Ablehnung einer solchen Möglichkeit reicht.

Andererseits, wenn individuelles intelligentes nichtphysisches Bewusstsein existiert, muss es für »sie« eine ziemlich harte Nuss sein, die Aufmerksamkeit von uns Menschen zu erregen, da wir ihre Realität weder mit unseren Sinnen wahrnehmen noch wissenschaftlich messen können. Selbst wenn wir das Hindernis unseres antrainierten Skeptizismus überwinden und uns für die Idee öffnen, dass spirituelle Wesen existieren könnten, ja, sie sogar als hochwillkommenen, wichtigen Aspekt der größeren Realität betrachten, verfügen wir über keinerlei klar definierte Methode, um mit ihnen zu kommunizieren. Wir können sie nicht eindeutig wahrnehmen oder ihre Antworten auf eine Frage verstehen, die wir ihnen stellen, oder die Botschaften entschlüsseln, die sie uns vielleicht übermitteln.[2]

Durch das Auftauchen der Orb-Fotografie ist nun alles anders geworden. Das zentrale Handicap der Geistwesen (ein vereinfachender Ausdruck, den wir verwenden, wenn wir von andersweltlichen individuellen Trägern von Intelligenz und Bewusstsein sprechen) – sich dem modernen Alltagsmenschen bemerkbar zu machen –, ist damit überwunden. In der Digitalfotografie haben die Geistwesen, wie es scheint, ein Medium gefunden, um uns ihre Existenz unwiderlegbar zu beweisen. Und diese Beweise sind allen Menschen frei zugänglich, auch den nicht hellseherisch Begabten. Alles, was man dafür braucht, ist eine einfache Digitalkamera.[3]

Zwar gibt es hinsichtlich des genauen Abbildungsvorgangs, durch den die Orbs auf unsere Fotos gelangen, noch viele offene Fragen, aber folgender Punkte sind wir uns weitgehend sicher:[4]

✿ Orbs sind höchstwahrscheinlich selbst keine Geistwesen, sondern es handelt sich wohl eher um Emanationen dieser Geistwesen.

✿ Orbs zeigen sich ganz von selbst auf Digitalfotos und manchmal sogar auf in herkömmlichen Kameras belichteten Fotonegativen.

✿ Aufgrund der verwendeten Technologie ist sehr wenig physikalische Energie vonnöten, um einen Orb auf einem Digitalfoto erscheinen zu lassen.

✿ Offenbar beziehen die Orbs die winzige Menge physikalischer Energie, die sie benötigen, um digital fotografiert zu werden, vom Blitzlicht der Kamera oder, in einigen wenigen Fällen, aus anderen physikalischen Licht- oder Energiequellen.

✿ Um den energetischen Aufwand zu minimieren, der notwendig ist, um von Kameras aufgenommen zu werden, vergeuden die Orbs ihre (Licht-)Energie nicht, sondern fokussieren sie mit laserartiger Präzision auf die Kamera, statt sie auch in andere Richtungen auszustrahlen, in denen sich keine Kamera befindet.

✿ Orbs reagieren auf die Bitte, auf Fotos zu erscheinen. Im Allgemeinen verzichten sie darauf, auf Fotos zu erscheinen, wenn sie davon ausgehen, dass niemand davon Notiz nehmen wird.

Wenn man diese Hinweise für Intelligenz/Bewusstsein auf Seiten der Geistwesen berücksichtigt, deren Emanationen die Menschen auf ihren Digitalfotos sehen, ist es vernünftig anzunehmen, dass sie nicht ohne Grund auf den Bildern auftauchen. Stattdessen können wir davon ausgehen, dass hinter ihrem Erscheinen eine Absicht steht. Je höher entwickelt das betreffende Geistwesen ist, desto wahrscheinlicher ist die Richtigkeit dieser Annahme.

Nicht unähnlich den Wesen des physikalischen Bereichs, sollte es auch auf der spirituellen Ebene ein großes Spektrum individualisierter Intelligenz geben. Vermutlich existieren dort Wesen von kindlicher Mentalität, denen es einfach Freude macht, fotografiert zu werden. Wenn sie reifer werden, wird ihr Urteilsvermögen und Verantwortungsbewusstsein zunehmen, so dass sie nur noch auf Fotos auftauchen, wenn es dafür einen besonderen Grund gibt. Es ist durchaus denkbar, dass die Sache so einfach ist. Typischerweise sehen wir auf Naturaufnahmen viel mehr Orbs als auf Fotos, auf denen Menschen abgebildet sind. Dies könnte darauf hindeuten, dass unterschiedliche Arten von Geistwesen anwesend sind und fotografiert werden: Niedrig entwickelte »Naturgeister« werden üblicherweise in der freien Natur auftauchen, während Wesen einer höheren Bewusstseinsstufe eher auf Fotos erscheinen, die dort gemacht werden, wo Menschen aus bestimmten Gründen zusammenkommen.

In diesem Buch werden wir uns hauptsächlich mit jenen Orbs befassen, bei denen wir vermuten, dass es sich um Emanationen hoch entwickelter Geistwesen handelt. Bei ihnen gehen wir davon aus, dass sie, wenn sie auch nicht in für Menschen hörbarer Weise sprechen können, doch auf den Fotos erscheinen, weil sie uns eine Botschaft übermitteln wollen.

Dementsprechend können wir Spekulationen darüber anstellen, wie die hoch entwickelten Wesen, die durch Orb-Fotos auf sich aufmerksam machen, mit uns zu kommunizieren versuchen. Dazu könnten direkte Botschaften an die fotografierende oder an die fotografierte Person gehören, an eine Gruppe von Personen oder sogar an die Menschheit insgesamt.

Da akustische Mitteilungen bei den Orbs nicht vorkommen,[5] müssen wir auf unseren Orb-Fotos nach visuellen Botschaften suchen, bei denen Farbe, Größe, Intensität, Form und Ort als Codes benutzt werden. Auch die immer wieder innerhalb der Orbs erkennbaren Formen und Strukturen (Mandalas, durchsichtige Stellen, Gesichter) können Botschaften darstellen.

Außerdem ist vorstellbar, dass bestimmte Orb-Fotos dazu dienen sollen, auf einer unmittelbaren intuitiven Ebene zu kommunizieren. Diese Botschaften kann man empfangen, wenn man sich kontemplativ auf ein solches Orb-Foto einstimmt, sich also in einen meditativen, empfänglichen Zustand versetzt und seine inneren Wahrnehmungskanäle öffnet.

In diesem Buch berichten wir von der rationalen und der intuitiven Auswertung einer großen Anzahl von Orb-Fotos im Hinblick auf spezifische Botschaften, die möglicherweise auf ihnen enthalten sind. Dabei werden stets diese allgemeinen Analysekriterien angewandt.

Unser Ziel ist es nicht, die Leser mit wundervollen Orb-Fotografien zu beeindrucken. Im Internet können Sie spektakuläre Orb-Fotos in großer Zahl finden. Stattdessen zeigen wir oft eher bescheiden wirkende Bilder, wie Sie sie auch bei ihren eigenen Fotos antreffen werden, wenn Sie bereit dafür sind. Das Großartige an den Orbs ist nicht, wie hell, wie groß oder wie zahlreich sie auf Ihren Fotos auftauchen, sondern dass es sie überhaupt gibt und was das für Sie bedeutet. Die Botschaften, die sie Ihnen wahrscheinlich übermitteln wollen, sind einfach, praktisch, lebensbejahend und hilfreich. Stimmen Sie sich also darauf ein.

Orbs

*Was wir sehen,
ist nur der Anfang*

Eingangsbemerkung

Foto 1: Ein Orb mit schönem, farbigem Innenleben in einer Kathedrale – im Wettstreit mit der Fensterrosette?

Gesunde Skepsis

Foto 2: Können wir immer noch behaupten, Gesichter in Orbs wären Unsinn?

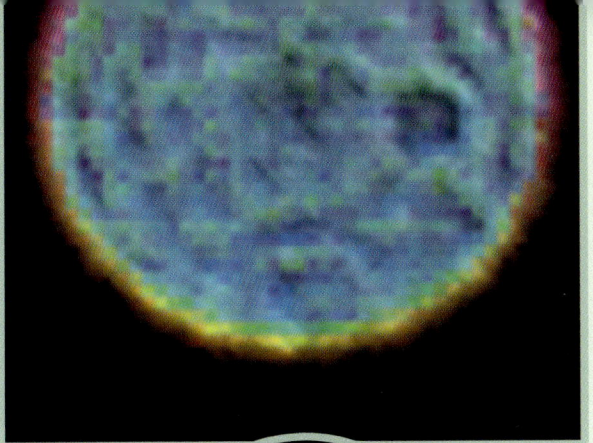

Botschaften durch unmittelbares intuitives Erkennen

Foto 3: Emanation eines sehr hoch entwickelten Geistwesens, ausgewählt als Beispiel für die Leser, um darüber nachzudenken und auf direkt-intuitive Weise eine größere Realität zu erfahren.

Foto 4: Emanation eines hoch entwickelten Geistwesens an einem hölzernen Dreieck, wie es in der Casa de Dom Inácio, der Wirkungsstätte von João de Deus in Abadiânia, Brasilien, als transformierendes Symbol verwendet wird.

Die Markierung unseres Hotelzimmers

Foto 5: Zwei Orbs markieren das Hotelzimmer, in dem wir gerade ein zweistündiges Radiointerview gegeben hatten.

Spiritueller Besuch bei einer Hochzeit

Foto 6: Zu Herzen gehende Botschaft aus einer anderen Dimension an die Mutter der Braut.

Abschiedsparty?

Foto 7: Ein unangekündigter Besucher auf einer Geburtstagsparty.

Das beste Bed & Breakfast

Foto 8: Entscheidungshilfe bei der Frage, ob wir in einer 260 Jahre alten Pension in Cornwall bleiben sollten.

Dank an die Sängerin

Foto 9: Reverend Roth bedankt sich bei der Sängerin. Ein Orb genau über ihrem Mund scheint ihm zuzustimmen.

Verlobung am Wasserfall

Foto 10: Zwei Orbs finden vor dem unruhigen Hintergrund eine gute Position, von wo sie ihre Freude über den angenommenen Heiratsantrag signalisieren können.

Der Geistige Berater

Foto 11: Ratgeber bei einer Besprechung?

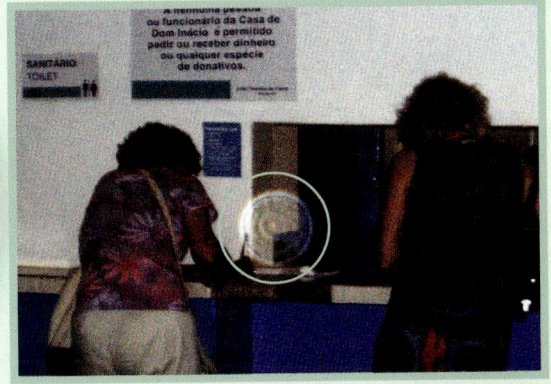

Das Heilungs- verzeichnis

Foto 12: Ausfüllen eines »Behandlungsformulars« nach einem unsichtbaren Eingriff von João de Deus in der Casa de Dom Inácio im brasilianischen Abadiânia.

Der skeptische Steward

Foto 13: »Worauf es ankommt, sind unsere Beziehungen zu den anderen Menschen an Bord.« Die Ansprache des Kapitäns gefällt einem Orb sichtlich!

Foto 14: Der Steward war zunächst skeptisch, als wir ihm Foto 13 zeigten. Doch als wir ihm dieses Bild zeigten, das wir ein paar Minuten später aufgenommen hatten, machte ihn das auf der Stelle zum »Orb-Enthusiasten«.

Die schiefe Taufkirche

Foto 15: Die schiefe Taufkirche von Pisa: Ein Orb definiert neu, was dort »interessant« ist.

Padre Pio

Foto 16: Padre Pios Sarkophag in San Giovanni Rotondo, Italien. Über einer Gruppe von Nonnen, die eine Messe lesen, schwebt ein Orb ins Bild.

Der Orb des Skeptikers

Foto 17: Vom Balkon eines Hotels in Hindelang im Allgäu. Man erkennt einen hellen und mehrere schwache Orbs. Doch der Skeptiker zweifelt noch ...

Foto 18: ... bis wir, auf seine Bitte, mit der Kamera in eine andere Richtung zielten und diesen hellen Orb fotografierten.

Examen

Foto 19: Bei einer Examensfeier versucht ein Orb, seine Meinung kundzutun.

Foto 20: Ein Orb dicht am Abschlusszeugnis.

Vorbereitung auf ein Triathlon

Foto 21: Die Orbs markieren Stellen, die in gesundheitlicher Hinsicht besonders wichtig sind.

Orbs an einer druidischen Zeremonialstätte

Foto 22: Ein Orb »beobachtet« die Ausrüstung eines Berufsfotografen, der auf den richtigen Moment wartet, um einen Orb im Foto festzuhalten.

Mit Gott sind alle Dinge möglich

Foto 23: Während einer spirituellen Versammlung setzt sich ein Orb unter die Inschrift in einer Kirche in Palo Alto, Kalifornien.

Foto 24: Kurz darauf nimmt der Orb eine noch bedeutsamere Position ein: die Länder des Nahen Ostens auf dem Globus, der auf dem Altar steht.

Die Foto-Session

Foto 25: Fotositzung für die Zeitung. Auf 12 der 15 Fotos sieht man Orbs.

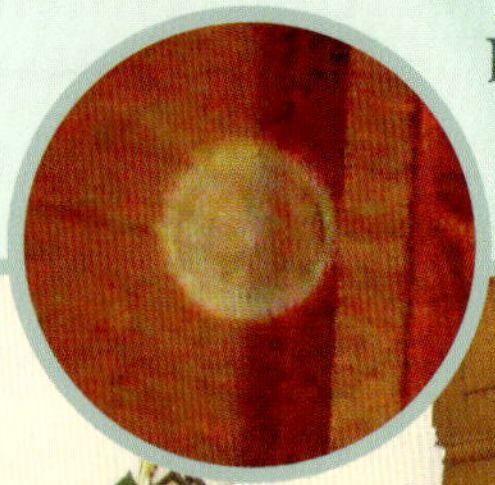

Feuerwerk am Fest des Heiligen Antonius

Foto 26: Den Orbs gefällt das Feuerwerk am Tag des Heiligen Antonius in Vieste, Italien, im Juli 2008.

Für die Einheit und das Wohlergehen aller Menschen

Foto 27: Bei unserem Vortrag auf einer Konferenz über Orbs.

Foto 28: Auf derselben Konferenz, von einem anderen Teilnehmer aufgenommen.

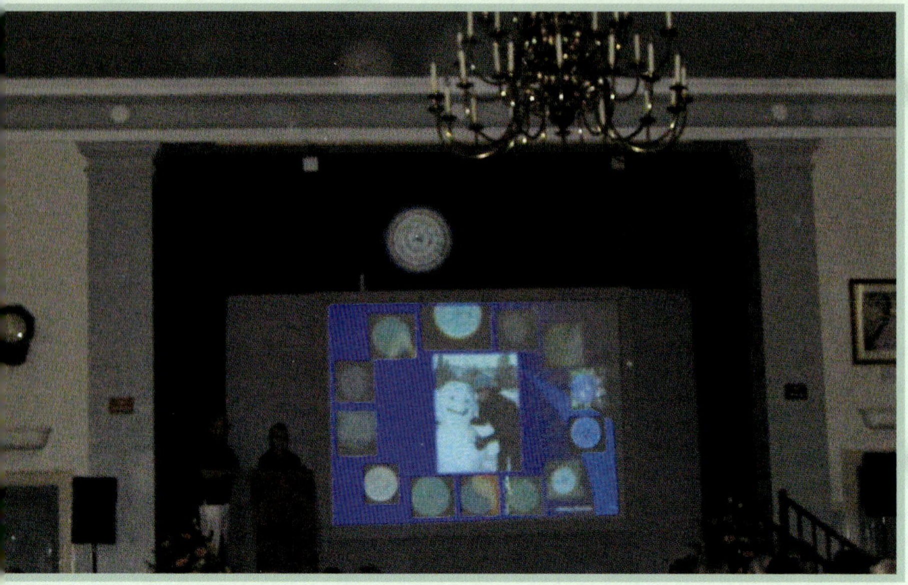

Ich auch!

Foto 29: Vortrag auf einem Symposium über Orbs im englischen Glastonbury, 2008.

Pumas

Foto 30: Orbs als Beschützer der Kinder? Auf einem Pfad, wo Pumas gesichtet worden waren.

Tanzende Mädchen
Foto 31: Orbs tanzen gerne mit Kindern!

Foto 32: Ein Orb leistet der dreijährigen Krista, die sich fröhlich kostümiert hat, Gesellschaft.

Geburtstagsparty vor einer Riesenrutsche

Foto 33: Der Orb hat sich eine Position ausgesucht, an der er gut zu sehen ist.

Wunder auf einem Dreirad

Foto 34: Ein Orb begleitet ein zweijähriges Mädchen, das trotz gesundheitlicher Probleme die Freuden des Lebens entdeckt.

Aufführung des Schultheaters

Foto 35: Orbs bei einer Theateraufführung von Schülern der fünften Klasse in Santa Barbara, Kalifornien.

Eislaufen

Foto 36: Fast jedes Kind auf dem Eis hat seinen Orb.

Wissenschaft und Bewusstsein

Foto 37: Orbs auf der Internationalen Konferenz für Wissenschaft und Bewusstsein, 2008.

Foto 38: Orbs bei einem Musiker und seiner Gitarre.

Foto 39: J. J. und Desirée Hurtak bei ihrem Vortrag auf der Konferenz.

Foto 40: Onye Onyemaechi (*links*) auf der
gleichen Konferenz im Jahr 2009.

Abraham

Foto 41: Vortrag von Esther und Jerry Hicks auf einem Kreuzfahrtschiff im Jahr 2007 *(links)* und im Jahr 2008 *(unten).* Die Analyse ergab, dass die Orbs offenbar die gleiche Innenstruktur aufweisen. Es handelt sich also möglicherweise in beiden Fällen um Emanationen derselben Geistwesen.

Deva Premal

Foto 42: Die Sängerin Deva Premal in der Grace Cathedral, San Francisco.

LIVE MSNBC

OBAMA 338 MCCAIN 156

BREAKING NEWS
NBC NEWS PROJECTS: OBAMA ELECTED PRESIDENT

BARACK OBAMA D | PRESIDENT | NATIONAL | 70% IN | R JOHN McCAIN
51% 48,412,381 338 | 156 44,965,528 48%

Die Wahl des neuen Präsidenten

Foto 43: Wahlnacht 2008. Der Orb befindet sich im Zimmer vor dem Fernsehschirm – nicht in dem ausgestrahlten Fernsehbild.

Gedenkveranstaltung für Harry Rathbun

Foto 44: Rede zum Gedenken an Harry Rathbun in der Kapelle der Stanford-Universität (2007).

Chalice Well

Foto 45: Sich mit hoher Geschwindigkeit bewegende Orbs über dem Chalice Well in Glastonbury, England. Der linke Orb bewegt sich mit einer Geschwindigkeit von etwa 8.000 Stundenkilometern aufwärts.

»Wenn«

Foto 46: Orbs in der Kirche von Mount Saint Michael, in der wir das Gedicht »Wenn« von Rudyard Kipling entdeckten.

Der Flügel

Foto 47: Bei uns zu Hause. Ein Orb hat sich mit einer Botschaft über unserem Flügel positioniert.

Engel und Orbs

Foto 48: Engel, Orbs und Fensterschmuck.

Die richtige Entscheidung?

Foto 49: Auf eine Bitte hin zeigen sich viele Orbs, um die Richtigkeit eines Hauskaufs zu bestätigen.

Der 101. Geburtstag

Foto 50: Umgeben von Orbs, die dem fröhlichen Austausch
von Erinnerungen lauschen.

Die leidenschaftliche Flötistin

Foto 51: Mehrere große, helle Orbs und eine
Vielzahl kleiner Orbs sind anwesend.

Orbs in der Nähe von Haustieren

Foto 52: Hunde spüren die Anwesenheit von Orbs mit »Schweif« (Foto auf herkömmlichem Emulsionsfilm).

Die Gesichter in Janices Orbs

Foto 53: Janices Orbs mit Gesichtern.

Gesicht im Schuppen

Foto 54: Orbs in einem verlassenen Schuppen.
Oben links: Original. *Oben rechts:* vergrößerter linker
Orb mit Gesicht. *Mitte:* Vergrößerung beider Orbs. *Unten:* Späteres Foto
ohne Orbs, das aufgenommen wurde, um für die Bildanalyse die Struktur
des Hintergrundes vergleichen zu können.

Die Mühle am Floss

Foto 55: Ein Orb schwebt vor einem Buch, was eine tiefgreifende Wende im Leben der Fotografin zur Folge hat.

Foto 56: Serie von Vergrößerungen des oberen Fotos. Dabei werden zwei Gesichter in dem Orb erkennbar *(links)*. Gleiche Stelle und Vergrößerung bei einem früheren Foto, auf dem kein Orb zu sehen ist *(rechts)*.

 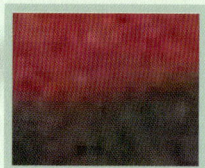

Foto 57:
Nachspiel zu
*Die Mühle am
Floss* – zwei Orbs
auf einem leeren
Stuhl in Fredas
Garten.

Sie sind überall
Foto 58: Gundi, umgeben von Emanationen
aus einer normalerweise unsichtbaren Realität
(im brasilianischen Abadiânia, 2008).

Heilmethoden

Foto 59: Ein Chiropraktiker führt bei einem spirituellen Retreat die Network Chiropractic vor. Ein Orb »beobachtet«.

Foto 60: Ein Heiler bei der Arbeit. Ein Orb schwebt hinter seinem Kopf, ein zweiter Orb hält sich in der Nähe der Person auf, die geheilt wird.

Foto 61: João de Deus führt in der Casa Dom Inácio einen »sichtbaren Eingriff« durch.

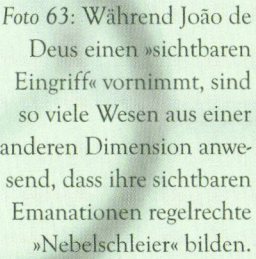

Foto 62: Quantum Touch Seminar – Besuch von Geistigen Beratern.

Foto 63: Während João de Deus einen »sichtbaren Eingriff« vornimmt, sind so viele Wesen aus einer anderen Dimension anwesend, dass ihre sichtbaren Emanationen regelrechte »Nebelschleier« bilden.

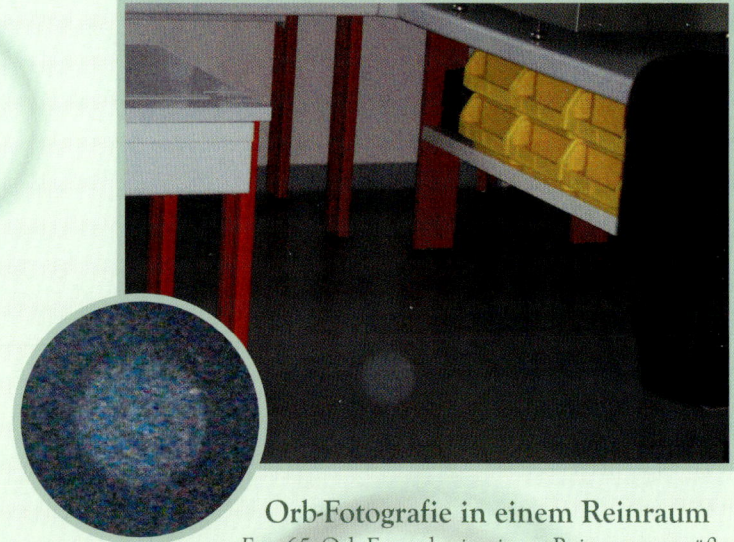

Das O'Jack-Phänomen

Foto 64: Aufgenommen mit einer konventionellen Emulsionsfilm-Fotokamera, bei der das Objektiv mit der Schutzkappe abgedeckt war, so dass kein Licht in die Kamera gelangen konnte.

Orb-Fotografie in einem Reinraum

Foto 65: Orb-Foto, das in einem Reinraum gemäß ISO 14644-1 Klasse 7 aufgenommen wurde. Unter diesen Bedingungen einen »Staub-Orb« aufzunehmen wäre extrem unwahrscheinlich.

Die Echtheit der Orbs

Am meisten zu bemitleiden sind jene Menschen,
die sehen können, aber keine Vision haben.

– Helen Keller

GESUNDE SKEPSIS

Zunächst einmal möchten wir betonen, dass eine gesunde
Skepsis durchaus wertvoll und wichtig ist. Wir laden Skeptiker herzlich ein, unsere Ergebnisse zu überprüfen, sich ein
eigenes Bild zu machen und vielleicht sogar eigene Orb-Fotografien aufzunehmen und deren Bedeutung zu ergründen.

Zu Klaus' frühesten Kindheitserinnerungen gehört es, dass
seine Mutter ihm Geschichten erzählte und vorlas. Dann
fragte er jedes Mal, ob es eine »wahre« Geschichte sei, und
wenn sie ihm das nicht bestätigen konnte, weigerte er sich,
zuzuhören. Diese Neigung, die Wahrheit herauszukristallisieren und Geschichten auszusondern, die auf bloßem Hörensagen beruhten, hat er sich bis heute bewahrt. Während er
an einer angesehenen deutschen Universität seinen Doktortitel in Physik erwarb, trug diese Saat weitere Früchte, und
auch während seiner Forschungsarbeit bei der NASA und an

der Stanford-Universität blieb er seinem Grundsatz treu. Auf dem Spezialgebiet der Werkstoffforschung war Klaus Autor oder Co-Autor von über sechzig wissenschaftlichen Veröffentlichungen. Er schrieb ein Lehrbuch über Solartechnik, und er gründete und leitete (über mehr als zwei Jahrzehnte) ein Unternehmen, das im Auftrag der NASA Forschungsprojekte durchführte. Wahrheit von Irrtümern zu unterscheiden, hatte im Ingenieurwesen und den damit verbundenen Wissenschaftsgebieten für Klaus immer eine hohe Priorität.

Durch die Quantenphysik und die Relativitätstheorie hat sich jedoch in den letzten hundert Jahren Grundlegendes verändert. Die Physiker waren gezwungen, ihre Ansichten darüber, wie die Welt funktioniert, erheblich zu erweitern. Und sie mussten auch ihre Auffassung darüber erweitern, *wie* man Wahrheiten herausfindet. Das Newton'sche Weltbild galt nun als überholt – auch wenn es im Bereich pragmatischer technischer Aufgaben, vom Bau von Spielzeugen bis zur Landung eines Raumschiffs auf dem Mars, weiterhin seine Gültigkeit besitzt. Wir haben gelernt, uns mit Wahrscheinlichkeitsgesetzen, veränderlichen Quantenzuständen, gekrümmter Raum-Zeit-Realität und Geschwindigkeiten, schneller als das Licht, auseinanderzusetzen. Wir haben gelernt, dass es einen Unterschied zwischen Gehirn und Denkvermögen gibt, und wissen, dass das Denkvermögen keine räumlichen und zeitlichen Begrenzungen kennt. Wir wissen sogar, dass das Denkvermögen nicht auf den physischen Körper begrenzt ist und dass alle irgendwo und irgendwann einmal im Universum gedachten Gedanken und ausgesprochenen Worte immer noch »da« sind und abgerufen werden können.

Im Zuge aller dieser Veränderungen gelangten wir zu der Erkenntnis, dass die Methode, mit der wir traditionell die Wahrheit vom Irrtum zu trennen pflegten, nicht länger angemessen ist. Die »wissenschaftliche Methode« bedarf einer Neudefinition. Die *Reproduzierbarkeit* einer streng vernünftig ausgelegten Versuchsanordnung, eine einst perfekt logische Definition der wissenschaftlichen Herangehensweise, die seit vierhundert Jahren in Gebrauch ist, vermag den Ansprüchen nicht länger zu genügen.

In der Wissenschaft gilt etwas als »Unsinn«, wenn es »ungeordnet und chaotisch« ist und – gemäß der Newton'schen Physik – nicht gesehen, gewogen, gemessen, gehört oder berechnet werden kann. Alles Falsche, Irrationale und/oder für Vernunft und Logik Unfassbare ist demnach »Unsinn«. Dieser Definition des Unsinnigen wohnt der kognitive Mangel inne, dass wir es mit Hilfe des gleichen Begriffs definieren, das heißt, dass das unsinnig ist, was »keinen Sinn ergibt«. Wir benötigen eine neue, erweiterte und den heutigen Gegebenheiten entsprechende Definition des *Unsinnigen*. Zum Beispiel könnte eine moderne Definition lauten: »etwas, das unverständlich ist und keine Bedeutung hat«. Diese neue Definition stünde im Einklang mit der modernen Physik und nähme Raum, Zeit und Unzulänglichkeiten des menschlichen Geistes aus der Gleichung heraus. Wir können es nicht länger dem Urteil des Einzelnen überlassen, was *Unsinn* ist und was nicht. Wenn wir Unsinn danach definieren, ob etwas im weitesten Sinne unverständlich ist, und als zusätzliches Kriterium hinzunehmen, ob eine Bedeutung möglich ist oder nicht, ermöglicht uns das eine objektivere Beurteilung, ob etwas Unsinn ist oder nicht. Würden wir dann immer noch wagen, eine Evidenz wie Foto 2 zu leugnen? (Mit dem Phänomen der in Orbs erkennbaren Gesichter werden wir uns in einem späteren Kapitel ausführlich befassen.)

Wenn wir Unsinn auf diese Weise neu definieren, wird das zweite traditionelle wissenschaftliche Kriterium, die *Reproduzierbarkeit*, erheblich schwerer erfüllbar, und das zu Recht. Früher wurde ein Experiment, das durch die Voreingenommenheit des Experimentators beeinflussbar war, als unwissenschaftlich betrachtet. Somit wären sämtliche der von

Professor William Tiller durchgeführten bahnbrechenden psychoenergetischen Experimente[1] als unwissenschaftlicher Unsinn eingestuft worden. Wir müssen also die Möglichkeit in Betracht ziehen, dass ein gar nicht oder jedenfalls nicht durchgängig reproduzierbares Experiment dennoch wissenschaftliche Gültigkeit besitzen kann.

Unsere Feststellung, dass der Skepsis bei der wissenschaftlichen Erforschung neuer Konzepte eine wichtige Rolle zukommt, schränken wir also dahingehend ein, dass der Skeptiker bereit sein muss, die beschriebene weiter gesteckte Definition von *Unsinn* zu akzeptieren. Sonst werden echte Fortschritte in unserem Verstehen der Wirklichkeit verhindert.

STAUBPARTIKEL ODER EMANATIONEN DES GEISTES?

Sind also Orbs nun echte Emanationen von Geistwesen, oder lassen sie sich als zufällige fotografische Fehler erklären? Diese Frage wird gestellt, seit die ersten Orbs auf Fotos auftauchten. Im Buch *Das Orb Projekt* haben wir diesem Thema ein ganzes Kapitel gewidmet.

Trotz dieser bereits veröffentlichten schlüssigen Argumentation für die Echtheit der Orbs kann es Klaus als akademisch ausgebildeter Wissenschaftler nicht verantworten, ein weiteres Buch über dieses immer noch umstrittene Phänomen zu schreiben, ohne wenigstens kurz darauf einzugehen, warum er von der Echtheit der Orbs überzeugt ist. Seine aktuelle Argumentation zu dieser Frage finden Sie in Anhang B dieses Buches. Aufgrund seiner intensiven Forschungsarbeit auf diesem Gebiet gelangt er zu dem Schluss, dass eine überwältigende Mehrzahl der Orb-Aufnahmen, die von Fotografen weltweit gemacht werden, authentisch sind und nicht durch Kameradefekte, Reflexionen an Staubteilchen, Wassertröpfchen oder andere Lichtbrechungsphänomene verursacht werden. An dieser Stelle gehen wir nur auf die wichtigsten Argumente ein. Eine ausführliche Erörterung befindet sich im Anhang. Das häufigste von Kritikern vorgebrachte Gegenargument ist die Reflexion an Staubpartikeln, die nahe am Kameraobjektiv durch die Luft schweben. Diese Erklärung kann aus zahlreichen, in Anhang B erläuterten Gründen nicht aufrechterhalten werden. Dazu gehört auch ein kürzlich ausgeführtes Experiment unter Reinraum-Bedingungen, also in einer Umgebung, in der durch die Luft schwebende Partikel in einer für ein solches Reflexionsphänomen ausreichenden Größe nicht vorkommen.

Andere von Kritikern vorgebrachte Argumente kreisen um Verunreinigungen und Anomalien an der Kamera oder dem in diese eingebauten elektronischen Fotosensor. Diese Argumente lassen sich durch mehrere unwiderlegbare Fakten entkräften. Dazu zählen zahlreiche Orb-Fotos, die von dem niederländischen Profi-Fotograf Ed Vos[2] und vielen anderen Fotografen auf herkömmlichem Filmmaterial gemacht wurden.

Das bedeutsamste Argument für die Echtheit der Orbs sind aber die verblüffenden, eindrucksvollen Anzeichen dafür, dass Orbs auf bestimmten, strategisch ausgewählten Fotos und in strategischen Positionen erscheinen. Die Befunde dafür sind so überzeugend, dass es völlig unmöglich ist, *alle* Orb-Erscheinungen auf Fotos als statistisch zufällig und anekdotisch wegzuerklären. Hierdurch wird belegt, dass Orbs viel mehr sind als bloße, zufällig auftretende Reflexionseffekte. Es ist sehr wahrscheinlich, dass die nichtphysischen Wesen, die wir als Urheber der Orbs annehmen, durch die jeweilige Position der Orbs auf einem Foto dem Fotografen oder den Betrachtern etwas mitzuteilen versuchen. In diesem Buch wollen wir uns hauptsächlich diesem Thema widmen.

Die »Selbst wenn«-Argumentation

Selbst wenn bewiesen werden könnte, dass alle Orbs auf unseren Fotos lediglich normale physikalische Reflexionen des Blitzlichts an in der Luft schwebenden Partikeln wären, kann man immer noch argumentieren, dass das Erscheinen dieser Reflexionen auf den Fotos in Positionen, die eindeutig nicht zufällig sein können, darauf hindeutet, dass Gedankenkräfte von außerhalb des physischen Bereichs beteiligt sein könnten.

Das Augenmerk würde sich dann von der Erklärung des Ursprungs der Orbs darauf verlagern, wie es möglich ist, dass diese in der Luft schwebenden Partikel strategisch gezielt platziert werden. Wie kann es sein, dass die physikalischen Partikel in dem Moment, wenn der Blitz ausgelöst wird – und unter Berücksichtigung der Position, in der die Kamera vom Fotografen gehalten wird – so präzise arrangiert werden, wie es für eine sinnvolle Positionierung der Orbs auf dem Foto erforderlich ist?

Frei durch die Luft schwebende Partikel sollten sich stets an statistisch zufälligen Positionen befinden. Man müsste also davon ausgehen, dass auch die Orbs an statistisch zufälligen Positionen auftauchen – und fast nie an »sinnvollen« Positionen.

Selbst wenn also tatsächlich Blitzlichtreflexe an Schwebeteilchen in der Luft die Ursache für die Orbs wären, womit ich keineswegs sagen will, dass dies der Fall ist, bliebe das Geheimnis eines offensichtlich an dem Phänomen beteiligten nichtmenschlichen Bewusstseins.[3] Man könnte dann zwar das »Wunder«, dass eine (winzige Menge) physikalischer Energie von einer anderen Wirklichkeitsebene her erzeugt wird, außer Acht lassen, hätte es aber weiterhin mit einem nicht geringeren Wunder zu tun: dass nämlich zahlreiche winzige, frei schwebende Teilchen im genau richtigen Augenblick auf sinnvolle Weise positioniert werden, was im Rahmen der Zufallswahrscheinlichkeit unmöglich ist.

Daraus, dass aber Orbs oft eindeutig in sinnvollen Positionen auf Fotos erscheinen und nicht in zufälliger Anordnung, folgern wir, dass ihrem Erscheinen eine Absicht zugrunde liegt.

ENERGETISCHE ÜBERLEGUNGEN

Was geschieht wirklich, wenn wir Fotos von Orbs machen? Dass Orbs überhaupt auf Fotos erscheinen, deutet darauf hin, dass irgendein physikalischer Vorgang ablaufen muss. Worin also besteht dieser Vorgang?

Auf der Basis der vorliegenden Befunde können wir die Hypothese aufstellen, dass der Prozess beim Denkvermögen eines intelligenten Wesens außerhalb von dieser Welt beginnt und mit einem physikalischen Beweisstück in Gestalt einer Fotografie endet. Mit anderen Worten, ein zielgerichteter, von einer Absicht getragener energetischer Abdruck aus einer Realität *außerhalb* unserer physikalischen Realität wird *innerhalb* unserer physikalischen Realität fotografisch festgehalten.

Selbst wenn es uns schließlich gelingt, diesen Vorgang völlig zu verstehen, also, wie Orbs von unseren Kameras aufgenommen werden – und wir bezweifeln nicht, dass wir es mit der Zeit besser verstehen werden –, haben wir immer noch nur eines der beiden Elemente enträtselt, nicht das vollständige Phänomen.

Der nächste Schritt müsste darin bestehen herauszufinden, wie diese intelligenten Wesen es schaffen, die physikalische Energie zu »produzieren«, die für diesen Abbildungsprozess offenkundig erforderlich ist. Die tatsächliche Menge physikalischer Energie, die benötigt wird, um auf einem Foto das Bild eines Orbs zu erzeugen, ist extrem gering. Vermutlich genügt dafür die Energie, die in etwa 1000 Photonen enthalten ist[4], also sehr, sehr wenig. Es wäre das Milliardstel eines Milliardstels der Energiemenge, die man benötigt, um eine gewöhnliche 100-Watt-Glühbirne eine Sekunde lang brennen zu lassen. Aber dennoch handelt es sich um Energie, was uns darauf hinweist, dass die Realität, in der diese nichtphysikalischen Wesen existieren, eine energetische Komponente aufweisen muss. Es zeigt außerdem, dass es diesen Wesen gelungen ist, eine technologische Erfindung der Menschen zu nutzen, mit der winzigste Energiemengen sichtbar gemacht werden können. Die Umwandlung einer winzigen Menge Photonenenergie wird zu einer großen, hellen und manchmal farbenreichen fotografischen Aufnahme, die wir sehen und an der wir uns wieder und wieder erfreuen können. Das ist bemerkenswert!

Den zur Erzeugung dieser Energie angewandten Prozess haben wir noch nicht verstanden, weil wir die Realität dieser Wesen nicht verstehen. Vielleicht sind sie in der Lage, Energie umzuwandeln, wie sie etwa von einem elektronischen Kamerablitz abgegeben wird. Oder sie erzeugen die Energie selbst und lenken sie dann auf die Kamera. In diesem Fall können sie kostbare Energie dadurch sparen, dass sie diese nicht in Richtungen lenken, wo sie niemand sieht oder entdeckt, also wo sich keine Kamera befindet.[5]

Bezüglich der physikalischen Aspekte der Orb-Fotografie gibt es offensichtlich noch viele offene Fragen. In diesem Buch geht es im Wesentlichen darum, die hinter den Orbs stehende Absicht zu ergründen und herauszufinden, was sie uns mitteilen wollen.

2 Orbs als Symbole der Transformation

Wenn wir damit aufhören, in erster Linie an uns selbst
und unsere Selbsterhaltung zu denken, wandelt sich
unser Bewusstsein auf wahrhaft heroische Weise.

– Joseph Campbell

Vom Standpunkt eines Physikers aus könnte man argumentieren, dass es sich bei einem Orb um ein plasmaähnliches energetisches Phänomen handelt. Die Gesetze der Thermodynamik sagen uns, dass die energetisch günstigste Form für nichtfeste Agglomerate die Kugel ist, woraus in der Zweidimensionalität einer Fotografie dann natürlich ein Kreis wird.

Die Fülle an Befunden dafür, dass es sich bei der kreisförmigen Gestalt der Orbs auf den meisten Orb-Fotos um die Projektion einer Kugelgestalt und nicht einer Scheibe handelt, vermag daher nicht zu überraschen. Wäre Letzteres der Fall, müssten wir zahlreiche ellipsenförmige Orbs sehen. Doch dem widersprechen die Hunderttausende von Orb-Fotos aus aller Welt.

Die Kugel und der Kreis sind die grundlegendsten Formen in Physik und Mathematik. Sie besitzen keinen Anfang und kein Ende und auch keine klar definierte Richtung. Sie sind perfekt symmetrisch. Sie sehen wie ein integriertes Ganzes aus.

Auch wenn ihre kreisförmige Form suggeriert, dass die Orbs etwas recht Alltägliches sind, übten Kreise und Kugeln immer schon einen besonderen Einfluss auf die menschliche Psyche aus. Nehmen Sie sich einen Moment Zeit und schauen Sie sich in Ihrem Zuhause um. Wie viele Dinge mit kreisförmiger Gestalt besitzen Sie? Zum Beispiel können wir von unserem Schreibtisch aus zwei kreisrunde Lampenschirme sehen, drei kugelförmige Teelichter, vier Stühle mit kreisförmigen Rückenlehnen, einen Kerzenständer mit acht runden Kerzenhaltern, einen Globus, mehrere zylindrische Kerzen, einen Batik-Wandschmuck mit Hunderten von sich überlagernden Kreisen darauf, vier kugelförmige Skulpturen, eine runde Trommel, einen sphärischen Trinkbecher und ein Dutzend weitere runde oder kreisförmige Objekte. Und natürlich sind da noch unsere runden Armbanduhren und Eheringe. Es ist, als würden wir von diesen grundlegenden kreisrunden Formen magisch angezogen. Der Kreis und die Kugel sind zu machtvollen, allgegenwärtigen Symbolen geworden.

Dass die sphärische oder runde Form der Orbs so anziehend wirkt, ist nicht nur auf ihren angenehmen äußeren Umriss zurückzuführen, sondern häufig auch auf das, was sich in ihnen befindet. Nur selten sind sie mit gleichförmigem Grau ausgefüllt. Meistens zeigen sie eine faszinierende innere Gestaltung.

In diesem Kapitel wollen wir uns zunächst mit den transformierenden Kräften beschäftigen, die Orbs entfalten können, wenn wir sie in starker Vergrößerung betrachten. Dann werden wir ausführlicher auf die Bedeutung bestimmter runder Symbole eingehen, zu denen auch die Mandalas zählen. Daraus werden wir herleiten, welche wichtigen Botschaften bestimmte Orbs möglicherweise für uns bereithalten.

BOTSCHAFTEN DURCH UNMITTELBARES INTUITIVES ERKENNEN

Im Universum gibt es nichts Überflüssiges. Jeder
von uns ist hier, weil er oder sie einen bestimmten
Platz auszufüllen hat, und jedes Teilchen muss sich
in das große Puzzle einfügen.

– Deepak Chopra

Weit mehr als die meisten von uns zugeben würden, besitzen wir Menschen Kanäle für die intuitive Wahrnehmung. Unmittelbar intuitiv empfangenes Wissen spielt in unserem Alltagshandeln und beim Treffen von Entscheidungen eine Schlüsselrolle. Wir fühlen uns in einer Buchhandlung von einem bestimmten Buch angezogen und nicht von einem anderen. Ein Mensch ist uns auf Anhieb sympathisch, während wir einen anderen meiden. Manchmal spüren wir im Voraus, was jemand sagen wird, noch ehe das erste Wort gesprochen wurde.

Auch bestimmte Transformationssymbole üben einen tiefgreifenden Einfluss auf uns aus. Sie geben uns Führungsimpulse auf unserem Lebensweg. Und manche sprechen auf so subtile Weise zu uns, dass wir ihre Gegenwart kaum bemerken.

Bestimmte Klassen von Orbs üben möglicherweise eine solche transformative Wirkung auf uns aus. Die generelle Schönheit oder das Geheimnisvolle ihres Aussehens, ihre geometrischen und doch wie zufälligen Formen – mit Unregelmäßigkeiten, die keinen Sinn zu ergeben scheinen und viel Raum für unsere Interpretationen und Fantasie lassen – stimulieren unsere unterentwickelte intuitive Wahrnehmung. Sehen wir ein Gesicht ... oder zwei? Ist es ein Engel? Vielleicht ein Schutzengel? Besucht uns ein Verstorbener, den wir einst geliebt haben?

Wir wissen es nicht mit Sicherheit. Vielleicht hat schon dieser Umstand des Nichtwissens eine magische Wirkung auf uns. Unser Bewusstsein ist unglaublich mächtig. Durch Placebos sind bereits mehr Menschen geheilt worden als durch alle Medikamente zusammen, bis hin zu Krebs, hohem Blutdruck und Schmerzen.[1]

Wenn unser Bewusstsein schon aus einfachen chemischen Pillen eine solche Kraft ableitet, wie viel kann dann erst der Anblick eines schönen Bildes bewirken, das von einem bewussten und sogar sehr hoch entwickelten Wesen aus einer anderen Wirklichkeit übermittelt wird?

Wir laden Sie ein, den Orb auf Foto 3 zu betrachten. Lassen Sie ihn auf sich wirken, denken Sie darüber nach. Lassen Sie ihn zu sich sprechen. Notieren Sie sich die ersten Gedanken oder Einsichten, die Ihnen dabei spontan in den Sinn kommen, denn sie können momentan für Sie wertvolle Schlüssel sein.

Tun Sie das Gleiche, auf spielerische Weise, mit Foto 4 und stellen Sie sich vor, dass Sie Verbindung zu einem hoch entwickelten, wohlwollenden Geistwesen aufnehmen. Es verfolgt die besten Absichten und ist da, um Ihnen zu helfen. Versuchen Sie das zu einem anderen Zeitpunkt erneut, wenn Sie bereit dafür sind, eine neue Botschaft von diesem Wesen zu empfangen.

Von diesen transformierenden Symbolen kann zudem eine unmittelbare Heilwirkung ausgehen. Wenn Sie Verbindung zu dem Geistwesen aufnehmen, dessen Emanation Sie betrachten, werden Sie höchstwahrscheinlich einige bedeutsame Antworten empfangen, die Ihnen bei gerade anstehenden Entscheidungen helfen, oder es geschieht sogar die Heilung, die Sie sich wünschen. Erfreuen Sie sich an diesem neuen Abenteuer. Wiederholen Sie es, so oft Sie möchten.

Vielleicht fragen Sie sich, was es mit den braunen Segmenten im unteren rechten Bereich von Foto 4 auf sich hat. Dabei handelt es sich um die Spitze eines Dreiecks aus Holz, das in der Casa de Dom Inácio in Abadiânia, Brasilien, als

Transformationssymbol verwendet wird, der Wirkungsstätte des berühmten Heilers João de Teixeira de Fario (bekannt als »João de Deus«, also »João von Gott, englisch »John of God« oder einfach »Medium João«). Menschen, die in die Casa kommen, meditieren vor dem Dreieck und hinterlassen gern Bilder oder Zettel mit Bitten um Heilung.

Seit Ewigkeiten gilt das Dreieck als Metapher für das Feminine und das Maskuline, die als Prinzipien betrachtet werden, welche nach oben, zum Göttlichen, streben. Das Dreieck ist ein mächtiges Symbol, das oft benutzt wird, um Stabilität auszudrücken. Seine Grundlinie verkörpert die Verwurzelung der Menschheit in der Erde. Die beiden nach oben weisenden Seiten sind Ausdruck unseres menschlichen Wachstumsstrebens, unseres Griffs nach dem Unbekannten, dem Feld des grenzenlosen Potenzials.

Dieses machtvolle Symbol, das Dreieck, stand auch während des Heilungsseminars in Chicago, bei dem Ron Roth uns bat, Fotos zu machen, auf dem Altar. Das Orb-Foto, das dabei entstand, zählt zu unseren schönsten Aufnahmen überhaupt (Foto 4). Der Orb platzierte sich oben auf der Spitze des Dreiecks, als wollte er uns sagen: »He, schaut gut hin! Von jetzt an gibt es etwas sehr Wertvolles für euch zu entdecken.«

Zwei hellseherisch begabte Freunde identifizierten, unabhängig voneinander, diesen Orb und den Orb auf Foto 3 als Schlüsselsymbole aufgestiegener Meister aus der jüdischchristlichen Tradition. Berücksichtigen Sie diese Information und betrachten Sie diese beiden Fotos erneut. Öffnen Sie sich für die grundlegend positive, wunderschöne, bedingungslose Liebe dieser hohen spirituellen Wesen.

DIE BOTSCHAFT DER ORBS ALS TRANSFORMATIONS-SYMBOLE

Symbole sprechen zu uns in ihrer einzigartigen Sprache, die unmittelbar die Seele erreicht. Sie besitzen transformierende Eigenschaften. Symbole weisen auf etwas hin, das uns Veränderung ermöglicht und eine Konzentration auf das Wesentliche. Sie sind wie Wegweiser und führen uns zum tieferen Sinn unseres Lebens.

Symbole sprechen unsere Intuition an, übermitteln uns Informationen, die uns, unter Umgehung des Verstandes, tief in unserem Innersten erreichen.

Der Kreis oder, als dreidimensionale Form, die Kugel stehen für die Einheit, das Ganze, die Einswerdung.

Als die Astronauten aus dem Weltraum die Kugelgestalt der Erde sahen, war das für sie eine zutiefst bewegende Erfahrung. Das Bild des Globus, auf dem wir alle leben, 1968 vom Mond aus fotografiert, wurde zu einem Symbol der Transformation, das uns an unsere wechselseitige Abhängigkeit und die Zerbrechlichkeit des Systems erinnert, in dem wir alle leben. Die Fotografien des Planeten Erde, heute jedermann frei zugänglich, erinnern uns an unsere Bestimmung, als Menschheit nach Einheit und Frieden zu streben.

Die Digitalfotografie macht es möglich, Dinge zu sehen, die zuvor für uns unsichtbar waren. Menschen überall auf der Welt entdecken auf ihren Digitalfotos kreisförmige Lichtphänomene, Orbs genannt. Diese haben wir als Emanationen von Geistwesen identifiziert, bewussten Wesenheiten, die nicht Teil unserer physikalischen Welt sind.

Vielleicht soll das Erscheinen der Orbs uns aufwecken und uns folgende Einsichten vermitteln:

✿ Ihr seid eins ✿

✿ Alles ist eins ✿

✿ Wir sind eins ✿
✿ eine Erde, eine Menschheit, ein Geist ✿
✿ eine Völkerfamilie, miteinander verbunden, mit einer
gemeinsamen Bestimmung ✿

Es zeigt sich immer deutlicher, dass wir unsere zahlreichen weltweiten Probleme nur durch Zusammenarbeit lösen können. Es ist also kein Wunder, dass die Orbs besonders zahlreich erscheinen, wenn Menschen zusammen feiern, singen, tanzen und einander in fröhlicher, kooperativer Stimmung begegnen. Vielleicht sollen die Orbs uns an unsere wahre Bestimmung erinnern, die darin besteht, in Harmonie zum Wohle aller zusammenzuarbeiten.

Wenn man Orbs vergrößert und die Fotos bearbeitet, offenbart sich bei diesen Lichtbällen ein komplexes Inneres mit faszinierenden Formen und Farbspielen. Diese innere Gestaltung der Orbs hat eine symbolische Bedeutung, und gewiss werden wir mit der Zeit lernen, die darin enthaltenen Botschaften zu entschlüsseln.

Freddy Silva, einer der führenden Experten für Kornkreise und Orbs, äußerte unlängst, dass die Orbs dabei sind, das Phänomen der Kornkreise abzulösen. Prinzipiell gibt es immer Kritiker, die so gut wie jedes Phänomen missachten oder wegerklären. Inzwischen haben aber weltweit Tausende von Menschen Orbs fotografiert, Menschen wie Sie und wir, bei denen die Freude an der digitalen Fotografie der einzige notwendige gemeinsame Nenner ist. Dieses massenhafte Auftauchen der Orbs scheint uns ein starkes Signal dafür zu sein, dem mehr Aufmerksamkeit zu schenken, was uns alle verbindet.

Es wird zunehmend schwieriger, solche Signale zu ignorieren. Und es wäre auch unverantwortlich. Wenn wir zum Wohle des Ganzen kooperieren, eröffnen sich uns wunderbare Möglichkeiten. Wenn wir die Idee, dass »alles eins ist«, tief in unseren Herzen verankern, können wir unsere angeborenen Gaben entfalten und Mitschöpfer eines bewussten, erfüllenden Lebens werden, das wunderbare Auswirkungen auf die ganze Welt haben wird.

Die Botschafter der Hoffnung sind überall und warten nur darauf, uns zu helfen – das war immer schon so, aber jetzt können wir sie endlich sehen. Sie leben in einem System, das sich energetisch von dem unseren unterscheidet, und ihre Verbindung zu unserem robusten physikalischen System war bislang zu subtil, zu feinstofflich, um von uns Menschen wahrgenommen zu werden. Unsere technologischen und wissenschaftlichen Errungenschaften waren uns dabei keine Hilfe, sondern haben unsere Fähigkeit, Verbindung zu anderen spirituellen Dimensionen aufzunehmen, eher verschlechtert. Das hat sich erst durch die Digitalfotografie geändert, die es uns ermöglicht, »ihre« Botschaften in großer Zahl zu empfangen.

Orbs sind inzwischen so weit verbreitet, dass es immer schwerer fällt, sie zu ignorieren. Sie zeigen uns nichts Neues, aber sie kommunizieren auf frische Weise jene Weisheit, die immer schon da war. Mögen wir, die menschliche Spezies, endlich aufnahmebereit für diese Weisheit werden! Erkunden wir nun, was es mit ihr auf sich hat.

3 Ortsgebundene Botschaften

Jene Dinge, welche die Natur dem menschlichen
Gesichtssinn vorenthielt, offenbarte sie
den Augen der Seele.

– Ovid: Metamorphosen

Die Platzierung authentischer Orbs auf Fotos scheint häufig
nicht zufällig zu sein, sondern auf einer bewussten Absicht zu
beruhen. In diesem Kapitel präsentieren wir mehrere typische
Beispiele für diese sehr bedeutsame Beobachtung und versuchen, die wahrscheinliche Absicht zu ergründen, aus der heraus
sich Orbs an bestimmten Stellen platzieren. In den meisten
Fällen glauben wir, dass die Absicht in Zusammenhang mit
den Umständen steht, unter denen das Foto entstanden ist.
Dazu gehören nichtphysische Aspekte wie die Gedanken und
Gefühle der Personen, die fotografieren oder fotografiert
werden. Daher fügen wir den Fotos die jeweils relevanten
Berichte hinzu. (Hierbei haben wir die Namen teilweise geändert, um die Privatsphäre der Personen zu schützen, die uns
ihre Aufnahmen zur Verfügung stellten.)

DIE MARKIERUNG UNSERES HOTELZIMMERS

Dadurch, dass sie an bestimmten Orten innerhalb eines
Fotos erscheinen, können Orbs erstaunlich spezifische Botschaften kommunizieren, wenn man dabei die detaillierten
Begleitumstände des Fotos und die jeweilige Situation der
beteiligten Personen berücksichtigt.

Klaus hatte soeben ein zweistündiges Radio-Live-Interview
über Orbs hinter sich, das er telefonisch von unserem Hotelzimmer im La Fonda Hotel in Santa Fé, New Mexico, gegeben hatte. Das Interview verlief sehr gut. Wie es bei den
häufigen Radiointerviews inzwischen zur Routine geworden
ist, hielt sich Gundi in der Nähe auf und unterstützte Klaus,
indem sie sich darauf konzentrierte, dass das Interview gut
verlief und dem höchsten Wohl aller diente. Wir spürten
beide, dass ein höheres Wesen den Verlauf des Interviews di-
rigierte. Klaus' Worte flossen ganz natürlich, und auf Klaus'
»innerer Leinwand« erschienen genau die richtigen Beispiele
und Geschichten, um die Zuhörer zu erreichen.

Nach dem Interview unternahmen wir einen Spaziergang,
um etwas frische Luft zu schnappen. Gundi beschloss, ein
Foto von unserem Hotel zu machen. Dabei stellte sie sich vor
und bat darum, dass unsere unsichtbaren Helfer sich in der
Nähe unseres Zimmers zeigten. Auf dem Bild (Foto 5) sind
deutlich ein heller Orb und ein gleich großer Orb geringerer
Intensität zu erkennen, die markieren, wo sich unser Hotelzimmer befindet!

Die statistische Wahrscheinlichkeit dafür, dass zwei Orbs
genau das Zimmer markieren, in dem wir zuvor das Interview
gegeben hatten, ist nun wirklich sehr klein. Bewusst machten
wir von dem Phänomen nur ein einziges Foto, um das Ergeb-
nis nicht zu verwässern.

Aus diesem Foto zogen wir den vorsichtigen Schluss, dass
Geistwesen generell eine Kommunikation wünschen und

dass sie in der Lage und willens sind, auf unsere Bitten zu reagieren – sei es, sich an bestimmten Orten zu zeigen oder uns zu helfen, wenn wir darum bitten. Auf einer persönlicheren Ebene zogen wir überdies den Schluss, dass sie uns mitteilten wollten, gern bei dem Radiointerview geholfen zu haben. Wir fassten ihre Botschaft als Bestätigung auf, dass wir uns auf ihre Hilfe verlassen können, wenn wir darum bitten, und dass diese Hilfe in Form von intuitiven Eingebungen erfolgt. Um ihre Hilfe anzunehmen, müssen wir uns lediglich öffnen, damit die Eingebung zu uns durchdringen kann, so wie Klaus es während des Interviews gemacht hatte. Weil er die Dinge normalerweise sehr stark aus der Perspektive der linken Gehirnhälfte betrachtet, war es für ihn ein eindrucksvolles und außergewöhnliches Erlebnis, sich für Eindrücke aus der rechten Gehirnhälfte zu öffnen und sich dabei sicher und wohl zu fühlen.

SPIRITUELLER BESUCH BEI EINER HOCHZEIT

Während eines Tanzes auf einer Hochzeit, zu sehen auf Foto 6, wurde eine zu Herzen gehende Botschaft übermittelt. Die Person, die das Foto aufnahm, berichtete: »Nach dem Unfalltod meines achtzehnjährigen Sohnes erlebte ich ein spirituelles Erwachen meiner Kundalini-Energie. Diese Aufnahme entstand bei der Hochzeit meiner Tochter, die ein Jahr danach stattfand. Ich erinnere mich, dass ich meiner Tochter und ihrem Bräutigam beim Tanzen zuschaute und dieses Glück als einen wunderbaren Segen empfand. Dabei musste ich auch an meinen Sohn denken und hatte das Gefühl, dass er anwesend war.«

Wenn man sieht, wo sich der Orb in dem Foto platziert hat, ist man geneigt, daraus eine sehr positive Reaktion auf die Fotografin abzulesen, vielleicht so etwas wie: »Ja, Mutter, ich *bin* hier. Und ich bin sehr glücklich mit dir und meiner Schwester. Alles ist gut! Mach dir keine Sorgen. Genieße dieses schöne Fest!«

ABSCHIEDSPARTY?

Die Person, die uns Foto 7 schickte, berichtete dazu Folgendes: »[Der Orb] ... ist riesig und schwebt genau über dem Kopf einer Frau, die vier Monate später starb. Sie war eine meiner besten Freundinnen.«

Dann erzählte sie weiter, dass die Aufnahme an ihrem fünfzigsten Geburtstag entstanden war.

»Dieses Foto ist Teil einer Serie. Der riesige Orb ist aber nur auf dieser Aufnahme zu sehen. Ich selbst bin rot gekleidet, und der Orb schwebt offenbar genau über der Frau mit der grünen Jacke (Carola). Ich weiß noch genau, was ich in diesem Moment dachte und fühlte. Ich war glücklich und dem Universum dankbar dafür, dass ich nach dem schmerzhaften Ende einer Beziehung diese schöne kleine Geburtstagsfeier erleben durfte.

Carola hatte die Party organisiert. Wir waren sehr gute Freundinnen. Der Zusammenhang ist von psychologischer Natur, die Energie zwischen Carola und mir war etwas ganz Besonderes. Der Umstand, dass sie wenige Wochen später einen Zusammenbruch erlitt, ausgelöst durch das Krebsleiden, an dem sie seit vier Jahren erkrankt war, macht diesen Moment besonders bedeutsam. Sie starb vier Monate, nachdem das Foto aufgenommen worden war. Immer wieder frage ich mich, ob dieser Orb ... vielleicht eine Art Engel war, der sie beschützte, weil sie große Angst vor dem Tod hatte. Ich hatte mich seit Jahren bemüht, ihre Angst zu lindern.

Als das Foto entstand, fühlte ich große Freude und Dankbarkeit wegen unserer Freundschaft. Es wurde aufgenommen, kurz nachdem ich die Kerzen auf der Geburtstagstorte ausgeblasen hatte. Alle sind in bester Stimmung.«

Eine digitale Analyse ergab, dass es sich um einen echten Orb handelt. Er schwebt tatsächlich genau über Carola. Das lässt sich anhand der Tiefenschärfe des Fotos ermitteln, weil die Kamera auf Carola scharfgestellt war.

Die Botschaft, die mit diesem Orb-Foto übermittelt werden sollte, ist offensichtlich von persönlicher Natur, bestimmt für die fotografierten Personen. Die Freude, die sie in dem Moment erlebten, als die Aufnahme entstand, hat vielleicht ein wohlmeinendes Geistwesen bewogen, ihnen zu übermitteln, dass Carolas bevorstehender Tod keine Reise ins Nichts sein würde, sondern der Übertritt in eine andere Lebensdimension.

DAS BESTE BED & BREAKFAST

Hört auf, an die Tür zu klopfen.
Ihr seid doch schon drinnen!
– Richard Rohr

Für unsere Reise nach Südengland hatten wir über das Internet ein Quartier gebucht. Als wir in dem kleinen Dorf Zennor in Cornwall eintrafen und unser Pensionszimmer sahen, waren wir enttäuscht, weil die Ausstattung in keiner Weise den Versprechungen auf der Webseite der Pension entsprach. Wir wollten uns schon nach einer anderen Bleibe umschauen, doch dann sahen wir auf dem Digitalfoto, das wir von dem heimelig wirkenden 260 Jahre alten Wohnzimmer gemacht hatten (Foto 8), einen kleinen, strahlenden Orb, der zu sagen schien:»Hey, ihr solltet hierbleiben!«

Also nahmen wir das Zimmer doch, und unsere Wirtin sorgte mit ihrer authentischen, großzügigen und gastfreundlichen Art dafür, dass wir uns sofort wie zu Hause fühlten. Es war ein wirklich schönes Erlebnis. Wie sich zeigte, war diese Unterkunft einfach perfekt für uns. Wir hatten die Botschaft des Orbs richtig gedeutet.

DANK AN DIE SÄNGERIN

Schönheit rettet. Schönheit heilt. Schönheit motiviert. Schönheit vereinigt. Schönheit führt uns zu unserem Ursprung zurück, und darin liegt die größte Rettung und Erlösung ...

– Matthew Fox

Die begnadete afroamerikanische Sängerin Renée hatte soeben während eines Gottesdienstes des berühmten Theologen und Heilers Ron Roth alle mit ihrem Auftritt begeistert. Anschließend legte Reverend Roth den Arm um sie und bedankte sich für ihren zu Herzen gehenden Gesang. Das Geistwesen, dessen Emanation auf Foto 9 zu sehen ist, schien zu sagen: »Ja, da stimmen wir zu! Es war wunderbar, und schließlich sind wir es, die durch dich singen!« Als wir der Sängerin das Foto zeigten, bestätigte sie voller Bescheidenheit, dass sie beim Singen genau dies empfinde.

VERLOBUNG AM WASSERFALL

Darin besteht die Liebe: Dass sich zwei Einsame beschützen und berühren und miteinander reden.

– Rainer Maria Rilke

Vor einem stark strukturierten Hintergrund werden Orbs leicht übersehen. Bei Foto 10 haben wir daher den Kontrast digital verstärkt. Die beiden Orbs sind so positioniert, dass sie trotz des stark strukturierten Hintergrundes zu erkennen sind. Die Orbs auf diesem Foto überbringen offenbar im Moment einer weitreichenden Entscheidung eine Botschaft der Freude und Unterstützung! Die Aufnahme entstand nur wenige Augenblicke, nachdem diese beiden Menschen beschlossen hatten, den Rest ihres Lebens zusammen zu verbringen. Die Anwesenheit der Orbs deutet darauf hin, dass die Geistwesen der Ansicht sind, dieses Paar passe gut zusammen. Den beiden gefällt unsere Interpretation sehr, dass Wesen aus einer höheren Dimension ihre Entscheidung für gut halten.

DER GEISTIGE BERATER

Liebe ist unsere wahre Bestimmung. Den Sinn des Lebens finden wir nicht auf uns allein gestellt – wir finden ihn mit anderen.

– Thomas Merton

Als Gundi Foto 11 aufnahm, folgte sie einem klaren intuitiven Impuls, diese Szene genau in diesem Augenblick festzuhalten. Links sieht man einen unserer Freunde, Dana Duryea, Leiter der Foundation for Spiritual Development (Stiftung für Spirituelle Entwicklung) in San Rafael, Kalifornien, wie er sich mit einem Freund berät. Als Dana, der ein sehr feines Gespür für die Präsenz von Geistwesen hat, das Foto sah, sagte er sofort: »Das ist einer meiner Berater aus der anderen Wirklichkeit.«

Ob sichtbar oder unsichtbar, die Anwesenheit von Beratern aus der anderen Wirklichkeit scheint eher die Norm als die Ausnahme zu sein, auch wenn wir sie nicht spüren und sie nicht auf jedem Foto zu erkennen sind. Wir sollten uns also in Bescheidenheit üben, was den Ursprung unserer Ideen angeht, da anscheinend ständig Geistwesen um uns sind, die uns bei jedem Schritt unseres Weges helfen. Als sollte die Richtigkeit von Danas Aussage unterstrichen werden, sieht man, dass die Geist-Emanation sich in Bewegung befindet – eines der überzeugendsten Anzeichen für deren fotografische Echtheit.

DAS HEILUNGSVERZEICHNIS

Ich glaube fest daran, dass alle Menschen Zugang
zu außergewöhnlichen Energien und Kräften
haben. Den Berichten über mystische Erfahrungen,
gesteigerte Kreativität oder herausragende
Leistungen von Sportlern und Künstlern nach zu
urteilen, tragen wir alle ein größeres Leben in uns,
als uns normalerweise bewusst ist.

– Jean Houston

Nachdem sie eine der unsichtbaren Heilbehandlungen in der Casa de Dom Inácio erhalten haben, tragen die Patienten von João de Deus ihre Namen und Adressen in ein Verzeichnis ein. Auf Foto 12 schwebt ein Orb genau über diesem Buch, als wollte er die Patienten an jene höheren Mächte erinnern, die bei der Heilbehandlung helfend eingreifen.

DER SKEPTISCHE STEWARD

Der Kapitän des Kreuzfahrtschiffes hielt seine Begrüßungsansprache für die Passagiere (Foto 13). Offensichtlich interessierte sich ein Geistwesen für das Geschehen und stimmte mit dem überein, was er sagte. Seine Ansprache gefiel uns sehr gut. Der Kapitän machte uns in sehr aufmerksamer, umsichtiger Weise mit der internationalen Crew bekannt, die sich ganz dem exzellenten Service für die Passagiere verschrieben hatte, und begegnete den Reisenden aus vielen Kontinenten, die an Bord gekommen waren, voller Herzlichkeit und Harmonie. »Wenn wir hier auf dieser kleinen schwimmenden Insel miteinander auskommen, dann ist das auch überall sonst auf der Welt möglich.« Der Kapitän wies darauf hin, dass es nicht auf die Art des Schiffes ankommt, das wir benutzen: groß oder klein, aus Stahl oder aus Holz. »Worauf es ankommt, sind unsere Beziehungen zu den anderen Menschen an Bord.«

Nachdem wir das Foto aufgenommen hatten, bemerkte unser Steward unser Erstaunen. Wir erklärten ihm, dass ein Geistwesen seine Emanation in der Nähe des Kopfes des Kapitäns positioniert habe. »Aber nein!«, rief er aus. »So etwas ist doch völlig unmöglich!« Wir zeigten ihm das Foto, aber er ließ sich nicht überzeugen.

Also beließen wir es dabei. Allerdings fotografierten wir ihn noch einmal, als er uns das Dessert brachte. Als er dann Foto 14 sah, wo sich ein Orb über seinem Kopf befindet, wurde er zum sofortigen Orb-Fan. Der Orb auf dem Foto schien zu sagen: »Schau mal. Wir sind wirklich da! Glaube an uns.« Von da an interessierte sich die ganze Schiffscrew sehr für unsere Orb-Fotos. Während der Kreuzfahrt tauchten noch viele leuchtende Orbs auf unseren Fotos auf.

DIE SCHIEFE TAUFKIRCHE

Wenn man die Art und Weise ändert, mit der man die Dinge betrachtet, ändern sich die Dinge, die man betrachtet.

– Max Planck

Es war ein verregneter Nachmittag in Pisa. Wir fotografierten, während unsere Reiseführerin uns die Bedeutung der Marienstatue mit Jesuskind über dem Eingang der Battistero erläuterte. Die Battistero ist ein separates Gebäude neben der Kathedrale mit dem berühmten schiefen Turm. Auf dem

Bild, das wir in diesem Moment aufnahmen (Foto 15), erkennt man einen Orb in der Nähe der Marienfigur. Dann lenkte die Reiseführerin unsere Aufmerksamkeit auf ein Thema, das ihr interessanter erschien: Sie sagte, dass die Taufkirche ebenfalls schief sei – nicht so sehr wie der Glockenturm, aber doch deutlich wahrnehmbar.

Schauen Sie sich das Foto an, dann sehen Sie, für wen dieser Teil des Vortrags weniger interessant ist. Während die Führerin darüber spricht, dass die Taufkirche *schief* ist, zeigt sich kein Orb.

Padre Pio

Betet, hofft und sorgt euch nicht. Sorge ist nutzlos.
Gott ist barmherzig und wird eure Gebete erhören.
– St. Pio von Pietrelcina

Die Wirkungsstätte von Padre Pio zu sehen, erfüllte uns mit Ehrfurcht. Das kleine Hospital, das er vor Jahrzehnten gegründet hatte, ist zu einer großen medizinischen Einrichtung geworden, die stetig wächst und vielen Menschen Arbeit und Heilung gibt.

Ganzjährig kommt eine große Zahl Pilger nach San Giovanni Rotondo im Südosten Italiens, um dem berühmten Padre Pio da Pietrelcina, der am 2. Mai 1999 von Papst Johannes Paul II. heiliggesprochen wurde, ihre Reverenz zu erweisen. Als wir uns dem Sarkophag des Heiligen näherten, war seine Anwesenheit im Raum deutlich spürbar. Wie viele andere Besucher machten wir schnell ein Foto (Foto 16), und sofort zeigte sich darauf, wie erwartet, ein heller, sich bewegender Orb. Padre Pios Geist bringt seinen Anhängern auch weiterhin Führung und Hilfe.

DER ORB DES SKEPTIKERS

*Freiheit findet nur, wer sich
frei macht vom Bekannten.*
– Krishnamurti

Hindelang im Allgäu ist ein wunderbarer Ort für ein Fest mit Freunden und Verwandten. Das Gebirgspanorama lud dazu ein, stundenlang die Aussicht zu genießen, den sich stetig verändernden Abendhimmel zu beobachten und Fotos zu machen (Foto 17). Einer von Gundis ziemlich skeptischen Brüdern zweifelte immer noch an der Echtheit der Orbs. Auch die Orbs auf diesem Foto konnten ihn nicht überzeugen.

Scherzhaft sagte er: »Richte die Kamera doch einmal auf diese Stelle dort drüben, von wo man die Kuhglocken läuten hört, und mache ein Foto.«

Gundi folgte seinem Vorschlag und machte ein weiteres Bild (Foto 18). Auf dem Foto zeigte sich der hellste Orb dieses Abends. So wurde ein weiterer Skeptiker bekehrt.

EXAMEN

*Die existierenden wissenschaftlichen Begriffe
passen jeweils nur zu einem sehr begrenzten Teil
der Wirklichkeit, und der andere Teil, der noch nicht
verstanden ist, bleibt unendlich.*
– Werner Heisenberg

John schickte uns dieses Bild (Foto 19). Es wurde von einem Mitstudenten während seiner Examensfeier in Hypnotherapie aufgenommen.

Nicht nur sieht man einen sehr hellen, sich bewegenden Orb, sondern auch zahlreiche kleinere Gratulanten aus einer unsichtbaren Dimension. John, er steht in der Mitte, wies darauf hin, dass sich ein Orb unter seinem Zeugnis platziert hatte (Foto 20): »Als ich mein Diplom erhielt, fühlte ich, dass die Hypnosetherapie jener Schlüssel war, durch den sich alle Elemente meiner dreijährigen Ausbildung in ganzheitlicher Heilkunde wunderbar zusammenfügten.«

Hat sich der Orb beim Siegel des Diplomzeugnisses positioniert, um John, der vorher bereits mehrere akademische Abschlüsse erworben hatte, zu signalisieren, dass es nun an der Zeit sei, sein Wissen in der Heilkunst praktisch *anzuwenden?* Sagt es ihm, dass die unsichtbare Welt ihn dabei unterstützen wird? Handelt es sich bei der hellen, sich bewegenden Geist-Emanation um einen Helfer, der dem Lehrer und den Schülern signalisiert, dass die geistige Welt sie bei der therapeutischen Ausbildung unterstützt? Und sind die anderen »Besucher«, die man auf dem Foto schwach unter der Decke erkennen kann, weitere Mitglieder des »Ratgeber-Teams aus der geistigen Welt«, die ihre Freude darüber zum Ausdruck bringen, dass wieder eine Gruppe von Studenten erfolgreich die Weisheit erworben hat, die von den Geistwesen in unsere Welt übermittelt wird, damit wir eine bessere Welt für alle erschaffen können? Das ist durchaus plausibel.

Es scheint uns, dass wir es hier mit einer Aufnahme zu tun haben, bei der sich die Botschaft in erster Linie an die fotografierten Personen richtet, darüber hinaus aber auch an eine breitere Öffentlichkeit.

VORBEREITUNG AUF EIN TRIATHLON

> Wer etwas wagt, verliert vorübergehend den sicheren Boden unter den Füßen. Wer nichts wagt, verliert sich selbst.
> – Sören Kierkegaard

Drei Orbs fanden ihren Weg in diese Aufnahme (Foto 21) zweier Frauen, die sich auf ein Triathlon vorbereiten. In diesem Jahr nahm Amy, rechts im Bild, zum ersten Mal an dem Wettkampf teil. Connie, links, sagte ihr, dass sie fest darauf vertraue, dass sie bei dieser ungewöhnlichen und schwierigen Herausforderung spirituellen Schutz erhalten. Die Orbs signalisieren ihnen, dass dieser Wunsch nach Schutz erhört wurde und dass Helfer aus der geistigen Welt anwesend sind, um sie beide während dieses Abenteuers zu beschützen.

Die Orbs haben sich an den für diese sportliche Herausforderung wesentlichen Stellen platziert – dem Herzen und den Oberschenkeln. So gewinnt man den deutlichen Eindruck, dass die Botschaft der Orbs von individueller Natur ist und im direkten Zusammenhang mit den Personen auf dem Foto und ihrer momentanen Situation steht.

ORBS AN EINER DRUIDISCHEN ZEREMONIALSTÄTTE

Wie wunderbar, dass wir auf etwas Paradoxes gestoßen sind! Jetzt besteht Hoffnung, dass wir Fortschritte machen.

– Niels Bohr

Wir warteten auf dieser abgelegenen Wiese darauf, dass die Sonne unterging, damit wir Fotos für eine unserer Orb-Studien machen konnten. Ein junger Reporter – das Orb-Phänomen war Neuland für ihn, dem er noch mit Skepsis begegnete – hatte sich uns angeschlossen. Er hatte sein Stativ unter einer der mächtigen alten Eichen am Rand der kreisförmigen Wiese aufgestellt und hoffte, nach Sonnenuntergang einige spektakuläre Orb-Fotos schießen zu können.

Während Gundi seine schussbereite Kamera unter der Eiche betrachtete, spürte sie den Impuls, von ihrem Standort aus eine Aufnahme zu machen (Foto 22). Ein gut sichtbarer heller Orb platzierte sich vor der auf dem Stativ wartenden

Kamera, als wollte er sagen: »Natürlich sind wir hier, und du kannst uns jederzeit fotografieren. Für uns ist es irgendwie amüsant, dass ihr alle mit solcher Begeisterung Fotos von uns macht. Dabei sind wir doch etwas ganz Alltägliches und ständig um euch.«

MIT GOTT SIND ALLE DINGE MÖGLICH

Wenn das Höhere ins Niedere fließt, verwandelt es
die Natur des Niederen in etwas Höheres.
– Meister Eckhart

In einer großen Kirche in Palo Alto, Kalifornien, fand ein spiritueller Heilungsgottesdienst statt. Die Schriftzeichen an der Wand hätten deutlicher nicht sein können: »Mit Gott sind alle Dinge möglich!« Ein Orb unterstrich diese Aussage, indem es sich unter den Worten »alle Dinge« positionierte (Foto 23).

Zur Vorbereitung auf diesen Heilungsgottesdienst hatten wir einige ungewöhnliche Objekte auf dem Altar platziert, unter anderem einen Globus, der eine Bitte um die Heilung der Nationen dieser Welt repräsentieren sollte.

Die Lichtwesen aus der unsichtbaren Dimension hatten offenbar diese Absichten registriert. Eines positionierte sich unmittelbar über der Darstellung des Nahen Ostens auf dem Globus (Foto 24), als wollte es uns damit sagen: »Wir tun unser Bestes. Alles Weitere liegt an euch Menschen. Handelt gemäß dem Zitat eines der größten Lehrer eurer Welt: ›Bei Gott sind alle Dinge möglich.‹«

DIE FOTO-SESSION

Hazel Courteney hatte für die Kolumne »A Life in the Day« der Londoner *Sunday Times* einen Artikel über Klaus und seine Orb-Forschung geschrieben.[1] Der Artikel war druckfertig, was aber noch fehlte, war ein aktuelles Foto von Klaus. Dafür sollte ein professioneller Fotograf uns zu Hause in Kalifornien besuchen. Wir fragten uns, ob sich, wenn wir darum baten, auf seinen Bildern Orbs zeigen würden, vor allem, wenn die Fotos mit einer Profikamera gemacht wurden, die für die Orb-Fotografie nicht ideal war (da sie wahrscheinlich mit einem CMOS-Bildsensor ausgestattet sein würde). Ehe der Fotograf kam, machte Gundi, zweifelnd, doch immer noch optimistisch, fünfzehn Aufnahmen von Klaus, der in seinem Sessel saß und sein Buch *Das Orb Projekt* betrachtete. Auf zwölf dieser Fotos zeigten sich Orbs in der Nähe von Klaus' Kopf und Oberkörper (Foto 25). Wir schlossen daraus, dass die Geistwesen uns mitteilen wollten: »Dieser Zeitungsartikel ist wichtig für uns.«

4 *Allgemeine* Botschaften

Alles, was Wissenschaft mich lehrte und noch lehrt, stärkt meinen Glauben an ein Fortdauern unserer geistigen Existenz über den Tod hinaus. Nichts kann spurlos verschwinden.

– Wernher von Braun

FEUERWERK AM FEST DES HEILIGEN ANTONIUS

Die Italiener leben mit ihren Heiligen und ehren sie wie besondere Familienmitglieder. Während unseres Aufenthalts in Vieste im Südosten Italiens wurden wir Zeugen der Geburtstagsfeierlichkeiten für den heiligen Antonius (Foto 26). Nach einem Festumzug durch die Stadt mit einem Trompetenkonzert auf dem Marktplatz erhellt am Abend ein spektakuläres Feuerwerk den Himmel. Wir beobachteten das Treiben von unserem Hotelzimmer aus, und zu unserer Freude wohnten zahlreiche Lichtsphären (Orbs) den Festlichkeiten bei und schienen zu signalisieren: »Ja, wir Heiligen wohnen mitten unter euch. Danke, dass ihr uns feiert und wertschätzt.«

FÜR DIE EINHEIT UND DAS WOHLERGEHEN ALLER MENSCHEN

Jeder von uns kann die Eigenschaften eines
Bewusstseinsfeldes manifestieren, das Zeit,
Raum und lineare Kausalität transzendiert.

– Stanislav Grof

Wie zwei helle Lichter im Nachthimmel unterstreichen die Orbs das oben angeführte Zitat.

Auf der Internationalen Konferenz »Orbs – Interaktion mit anderen Dimensionen«, die 2008 in Palm Springs stattfand, machte ein Teilnehmer diese bemerkenswerte Aufnahme (Foto 27), und zwar während unserer Präsentation, die den Titel trug: »Wir sind umgeben von einer Wolke von Zeugen«.[1] Auf dem Foto sieht man seitlich von uns zwei große und sehr helle Orbs. Der Text zu dem Dia, das wir zeigten, während das Foto entstand, lautet: »Es liegt an jedem von uns, Weisheit zu entwickeln und kooperativ für die Einheit und das Wohlergehen aller Menschen zu arbeiten.«

Während unserer Präsentation spürten wir beide deutlich die Anwesenheit von jeweils einem geistigen Ratgeber aus einer anderen Dimension. Sie übermittelten uns die Botschaft, dass sie hier bei uns sind, um uns zu helfen. Die hellen Orbs unterstreichen sehr deutlich die Botschaft, dass wir, wenn wir uns auf unsere innere Weisheit einstimmen, Wege finden, um gemeinsam für die Einheit und das Wohlergehen aller zu arbeiten.

Als wir das Foto zum ersten Mal sahen, zweifelten wir nicht daran, dass die beiden großen Orbs, die uns gewissermaßen in ihre Mitte nahmen, eine Antwort unserer Helfer aus der anderen Dimension darstellen. Sie sollen uns signalisieren, dass sie mit unserer Präsentation einverstanden sind. Die Botschaft, die wir auf der Konferenz vortrugen, bestand, kurz zusammengefasst, darin, dass es sich bei den Orbs um Emanationen von Geistwesen handelt, mit denen sie uns mitteilen möchten, dass sie uns lieben und hier sind, um der Menschheit bei den Bewusstseinssprüngen zu helfen, die notwendig sind, damit wir unseren Planeten für zukünftige Generationen bewahren können.

Aber stimmt diese Deutung mit der Auffassung von Linda Horton überein, der Frau, die das Foto machte? Als wir sie baten, dazu Stellung zu nehmen, sagte sie: »Dieses Foto war ein schönes, kostbares Geschenk für Sie und für mich. Ich weiß nur, dass ich den starken inneren Impuls verspürte, dieses Foto zu machen, und dass das eine große Freude war.«

Bereits zu Beginn unserer PowerPoint-Präsentation zeigten sich Orbs in großer Zahl. Foto 27 ist repräsentativ für viele Aufnahmen, die während unseres Vortrags von verschiedenen Konferenzteilnehmern gemacht wurden. Foto 28 ist ein Beispiel, bei dem die Position der Orbs weniger wichtig erscheint als ihre große Anzahl. Offenbar versuchen die Geistwesen hier, ihre Orb-Emanationen großflächig zu verteilen, damit möglichst viele von ihnen sichtbar sind. Vielleicht soll die große Anzahl signalisieren, wie sehr die Geistwesen unsere Botschaft unterstützen.

Beachten Sie auch die Formenvielfalt, die von hellen, kreisförmigen Orbs mit geringer oder kaum sichtbarer Innenstruktur bis zu Orbs mit inneren »Augen«, unregelmäßigen äußeren Umrissen und unterschiedlichen Farben reicht. Bei mehreren dieser Lichterscheinungen lassen sich sogar Gesichtszüge ausmachen, etwa bei der grünen Wesenheit über dem Blumengesteck links auf dem Foto.

Ich auch!

Auf einer anderen Orbs-Konferenz schoss ein Teilnehmer Foto 29. Auch hier sieht man während eines unserer Vorträge wieder zahlreiche Orbs. Ein besonders heller möchte offenbar gern zu dem Kreis von Orbs dazugehören, der auf einem bestimmten Bild zu sehen ist, das wir gerade in einer PowerPoint-Präsentation projizieren. Es hat sich ziemlich gut an die Größe der Orbs auf diesem Bild angepasst. Hellseher identifizierten den Orb als ein sehr hoch entwickeltes Geistwesen.

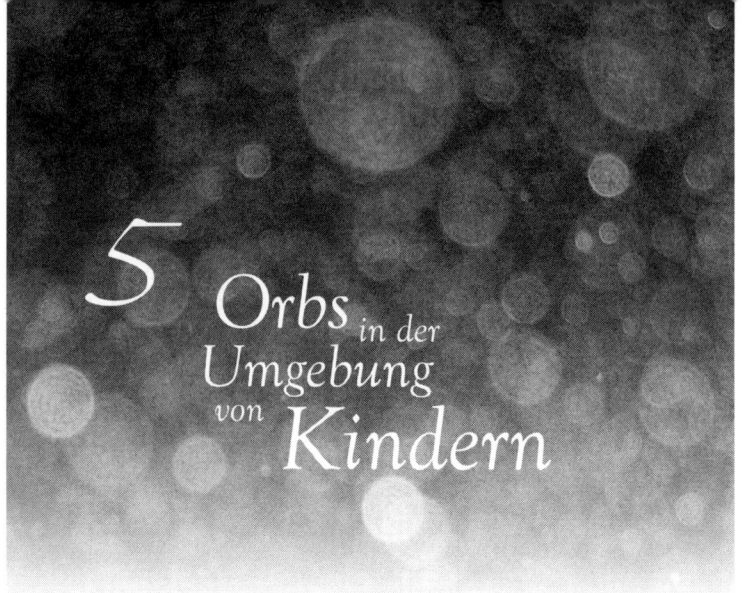

5 Orbs in der Umgebung von Kindern

Eure Kinder sind nicht eure Kinder. Sie sind
die Söhne und Töchter der Sehnsucht des Lebens
nach sich selbst.

— Khalil Gibran

Viele religiöse und spirituelle Traditionen lehren, dass in der spirituellen Dimension den Kindern besonderes Interesse, besondere Fürsorge gilt. Kinder sind hilflos und müssen in der neuen Umwelt, in die sie hineingeboren werden, eine Fülle von Eindrücken bewältigen, die auf sie einstürmen. Doch sie verfügen noch nicht über den Intellekt, um all das verarbeiten zu können.

Kinder stehen noch in Kontakt zu ihrer natürlichen Intuition und lassen sich von ihr leiten. Tatsächlich ist vielfach belegt, dass Kinder viel eher als Erwachsene in der Lage sind, Geistwesen wirklich zu sehen. Wenn wir offen und empfänglich sind und Kindern aufmerksam zuhören, werden wir feststellen, dass sie oft von Lichtwesen, Engeln oder Lichtbällen (Orbs) erzählen. Manchmal werden wir sogar Zeuge, wie Kinder mit solchen Lichtwesen sprechen.

Diese Phänomene gehören bei Kindern einfach zur Wirklichkeitswahrnehmung dazu, und sie reagieren überrascht, wenn wir ihnen sagen, dass wir die Geistwesen nicht sehen können. In manchen Kulturen, etwa auf den Philippinen oder in Brasilien, erkennen die Eltern diese Neigungen ihrer Kinder an und unterstützen sie darin verständnisvoll. In den meisten westlichen Kulturen stehen die Erwachsenen solchen Phänomenen in der Regel skeptisch gegenüber, und weil sie den Kindern diese Zweifel mitteilen, tendieren diese dazu, mit der Zeit ebenfalls an ihren Wahrnehmungen zu zweifeln. Da Kinder stets versuchen, sich anzupassen, beginnen sie, ihre einzigartige Gabe zu ignorieren, und büßen sie schließlich ein. Früher oder später hören sie völlig damit auf, die Geistwesen zu sehen.

Viele Orb-Fotos und Erfahrungsberichte aus aller Welt belegen, dass Geistwesen sich gern und zahlreich in der Nähe von Kindern aufhalten. Wir ahnen intuitiv, dass sie bei den Kindern sind, um ihnen zu helfen und sie zu beschützen. Vielleicht fühlen sie sich auch zu der verspielten Lebensfreude, Abenteuerlust und Neugierde der Kinder hingezogen. In diesem Kapitel werden wir das anhand einiger Beispiele verdeutlichen.

Pumas

Gestatten Sie es sich niemals, auch nur einen
Augenblick lang negativen Gedanken nachzuhängen.
– Emmet Fox

Wenn überhaupt irgendwelche Zweifel daran bestehen, dass das alte Sprichwort zutrifft, Kinder seien von ihren Schutzengeln umgeben, trägt die folgende Geschichte sicherlich dazu bei, diese Zweifel zu zerstreuen.

Vor einigen Jahren veranstalteten wir eine Taufzeremonie für die drei Töchter unserer Schwiegertochter Annabel. Die

Feier fand in einem wunderschönen Naturschutzgebiet in der Nähe von San Francisco statt. Etwa ein Jahr nach diesem Ereignis machte Lorraine, eine Freundin unserer Familie, mit den drei Mädchen und ihren eigenen zwei Töchtern, die sich im gleichen Alter befanden, in diesem Naturschutzgebiet einen Wanderausflug. Dabei entstand Foto 30. Annabel schrieb uns dazu:

»Dieses Foto machte meine Freundin Lorraine während eines Ausflugs im Edgewood Park. Dabei wanderte sie mit den Mädchen zu jenem Aussichtspunkt, an dem wir die kleine Taufzeremonie abgehalten hatten! Ich warnte Lorraine, dass sie vorsichtig sein sollte, weil in dieser Gegend kürzlich Pumas gesichtet worden waren. Sie hatte davon noch nichts gehört und dachte zunächst, ich hätte einen Witz gemacht. Von dem Aussichtspunkt aus rief sie mich an, um sich zu vergewissern, ob ich die Warnung wirklich ernst meinte. Als ich das bejahte, fing sie an, sich ein wenig Sorgen zu machen, weil unsere vier Kinder so ausgelassen auf den Wanderwegen herumsprangen. Doch wie es aussieht, waren ein paar Begleiter zugegen, die sie beschützten!«

TANZENDE MÄDCHEN

Vielleicht inspiriert durch das Klavier (im Hintergrund), bereitete es der dreijährigen Vaila und der fünfjährigen Isabella sichtliches Vergnügen, ihre neuesten Tanzschritte vorzuführen, die sie im Ballettunterricht gelernt haben. Da ist es kein Wunder, dass sich über Vailas Kopf ein großer Orb zeigte (Foto 31), der an diesem Ausdruck von Freude und Glück mitwirkte.

Kinder im Vorschulalter lieben es, sich zu verkleiden und in bunter Kostümierung zu tanzen. Der Orb auf Foto 32 beteiligt sich, rechts an der Krempe von Kristas Hut schwebend, an diesem Vergnügen.

GEBURTSTAGSPARTY VOR EINER RIESENRUTSCHE

Die lachenden Kinder hatten großen Spaß auf der Riesenrutsche (im Hintergrund, Foto 33). Inmitten dieser kichernden, übereinander herkletternden, tobenden Kinderschar fiel es uns schwer, unsere Enkelinnen im Auge zu behalten. Auf dem Gruppenfoto, das am Ende des Kinderausflugs aufgenommen wurde, sieht man einen Orb genau über unserer jüngsten Enkelin. Wir hatten uns gefragt, uns sogar etwas Sorgen gemacht, wie die hörbehinderte zweijährige Krista in einer so großen Gruppe zurechtkommen würde. Wie es scheint, wachte ihr »Schutzengel« über sie und blieb ständig in ihrer Nähe.

Beachten Sie außerdem, wie der Orb in dieser turbulenten Szenerie mit Bedacht eine Position wählte, wo er leicht zu sehen sein würde: über der einzigen einfarbigen und relativ dunklen Fläche in dem ganzen Bild. Vielleicht wäre auch der rote Bereich darunter, unmittelbar über Kristas Kopf, geeignet gewesen, aber schließlich haben auch Geistwesen ihre Vorlieben. Es könnte Teil der Botschaft gewesen sein, die Farbe Blau auszuwählen. Blau wird gemeinhin mit Vertrauen, Loyalität, Weisheit, Zuversicht, Intelligenz, Glauben und Wahrheit assoziiert.

Die Botschaft besagt vermutlich, dass Wesen aus der unsichtbaren Welt bei unseren Kindern sind und sie stets behüten, leiten und ihnen helfen.

WUNDER AUF EINEM DREIRAD

Das Leben ist göttlich, das Leben ist ein
außergewöhnliches, unglaubliches, wunderbares
Phänomen, unser kostbarstes Geschenk.
– Robert Muller

Die kleine Krista, hier im Alter von zwei Jahren, ist fest ent-schlossen, das Beste aus ihrem Leben zu machen, obwohl sie mit einigen ernsten körperlichen Problemen in diese Welt kam. Ihre sportlichen Schwestern und Eltern beziehen sie trotzdem in alle Abenteuer ein, die ihnen Freude machen. Auf Foto 34 fährt Krista mit sichtlichem Spaß auf ihrem rosa Dreirad – an dem Tag, als ihre neuen Innenohr-Implantate eingeschaltet wurden und sie, zum ersten Mal im Leben, hören konnte. Der Orb in ihrem Schlepptau scheint anzuzeigen, dass sie von wohltätigen Geistwesen aus der unsichtbaren Dimension beschützt und geführt wird und dass diese sich über die neue Phase in Kristas Leben freuen, die nun beginnt.

AUFFÜHRUNG DES SCHULTHEATERS

Die Begegnung mit einem Kind weckt in mir zwei
Gefühle: Zärtlichkeit für das, was es ist, und Achtung
vor dem, was künftig aus ihm werden mag.
– Louis Pasteur

Unsere Tochter, die als Lehrerin an einer Grundschule unter-richtet, hatte uns zu der Theateraufführung ihrer Fünftkläss-ler eingeladen, wo wir einige Fotos machten. Überraschen-derweise zeigten sich Orbs auf vielen dieser Fotos. Ein Jahr später, als wieder eine Aufführung stattfand, fotografierte unsere Tochter Connie selbst. Wieder sind auf den Bildern freundliche Schutzengel sichtbar (Foto 35).

EISLAUFEN

Bei einem Eislauf-Ausflug mit unseren Enkelkindern machten wir Fotos, auf denen sich zahlreiche Emanationen von Geistwesen zeigten. Wir haben einige der schwächeren Orbs mit Kreisen markiert, damit sie besser zu erkennen sind (Foto 36). Für fast jedes Kind auf dem Eis hat sich ein Orb eingefunden.

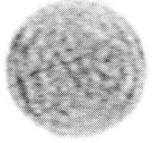

6 Orbs und charismatische Persönlichkeiten

Ich wusste, dass ich alles werden konnte, was ich
zu sein wünschte, wenn ich nur dieser Musik, diesem
Lied, dieser Schwingung Gottes in mir vertraute.

– Shirley MacLaine

WISSENSCHAFT UND BEWUSSTSEIN

Dass eine größere Anzahl von Orbs auf Fotos erschien, die
während Konferenzen aufgenommen wurden, bei denen
die Evolution unseres Bewusstseins im Mittelpunkt stand,
beobachteten wir immer wieder und bei vielen verschiedenen Referenten. Beispielsweise fotografierten wir mehrere
Hauptredner auf der zehnten internationalen Konferenz für
Wissenschaft und Bewusstsein, die 2008 in Santa Fé, New
Mexico, stattfand.

Ohne Voreingenommenheit unsererseits lässt sich feststellen, dass die Wesen aus der unsichtbaren Wirklichkeit *nicht*
gleichermaßen an allen Vorträgen interessiert waren! Sie
zeigten eine starke Affinität zu bestimmten Themen, während sie sich bei anderen Vorträgen überhaupt nicht blicken
ließen. Zu den Vorträgen, die bei den Geistwesen offenbar
auf großes Interesse stießen, gehörte Dr. Rupert Sheldrakes

Präsentation zu seinem Konzept der »morphischen Resonanz«. Wir zeigen eine Aufnahme (Foto 37), die gegen Ende seines Referates entstand.

Die anwesenden Geistwesen scheinen zu kommunizieren, dass sie mit seiner Hypothese übereinstimmen, das menschliche Bewusstsein habe seinen Sitz völlig außerhalb des physikalischen Körpers, in einem allgegenwärtigen morphischen Feld, das allen Menschen jederzeit und überall zugänglich sei. Besonders ergreifend ist der helle Orb mit der einem Mandala ähnelnden inneren Feinstruktur. Er schwebt über dem Foto der Erde, als wollte er uns sagen: »Ja, wenn die Menschheit diesen Paradigmenwechsel vollzieht und die wahre Natur des Bewusstseins erkennt, ist die Zukunft eures Planeten gesichert.«

Der Moderator dieser Konferenz, Greg Tamblyn, unterhielt zwischen den Vorträgen das Publikum mit musikalischen Einlagen (Foto 38). Zahlreiche Orbs zeigten sich in seiner Nähe. Achten Sie besonders auf den leuchtend hellen Abgesandten aus einer anderen Dimension, der an der Gitarre neben Gregs Hand schwebt. »Ja, du spielst dieses Instrument gut, und das gefällt uns«, scheint seine Botschaft zu sein.

Eine weitere Präsentation, die viele Besucher aus einer anderen Dimension anzog, war die von J. J. und Desiree Hurtak zum Thema Symbolismus. (J. J. Hurtak ist Autor von *Das Buch des Wissens: Die Schlüssel des Enoch.*) Die Orbs schwebten in großer Zahl vor dem dunklen Bühnenvorhang, vermutlich weil sie wussten, dass man sie dort besonders gut sehen kann (Foto 39).

Auf der gleichen Konferenz im Jahr 2009 fand eine sehr inspirierende Präsentation von Onye Onyemaechi statt. Sie trug den Titel »Heilung durch Musik, Trommeln und Tanz« (Foto 40). Zahlreiche Zuhörer hatten sich eingefunden, die Onyemaechi mit bloßem Auge nicht sehen konnte. Offensichtlich waren sie überaus einverstanden mit seiner Darbietung.

ABRAHAM

Jerry und Esther Hicks sind berühmt für ihre Seminare, bei denen Esther die »Abraham-Gruppe« channelt, nichtphysische Wesenheiten von »unbegrenzter Intelligenz«.
Bei zwei Seminaren im Abstand von einem Jahr machten wir jeweils ein Foto in der Vorbereitungsphase, fünf Minuten vor Beginn des Channelings (Foto 41). Auf jedem dieser Bilder sieht man Wesen aus einer anderen Wirklichkeit. Bemerkenswert ist nicht nur, dass auf jedem Foto zwei helle, große Orbs zu sehen sind, sondern auch, dass bei näherem Hinsehen die Orbs auf diesen Fotos – wie gesagt: im Abstand von einem Jahr entstanden – eine sehr ähnliche Mandala-Innenstruktur aufweisen. Das könnte darauf hindeuten, dass bei beiden Seminaren dieselben Geistwesen zugegen waren.

DEVA PREMAL

Ich weiß nicht, was auf der Bühne mit mir geschieht.
Etwas anderes scheint die Kontrolle zu übernehmen.
– Maria Callas

Die berühmte Sängerin Deva Premal trat in der Grace Cathedral in San Francisco auf. Wir machten bei ihrem Konzert ein paar Fotos aus dem Hintergrund der Kirche (Foto 42). Bei allen Aufnahmen sieht man zahlreiche Orbs (in ungewöhnlicher Form- und Farbenvielfalt), was darauf hindeutet, dass den Wesen aus der transzendenten Realität Devas Gesang ebenfalls gut gefiel. Die Orbs erwecken den Eindruck, sie würden sich zu einer Formation aufreihen, die zu dem großen Stern auf der Bühne hindeutet, wo Deva Premal sang.

7 Orbs *bei epochalen* Ereignissen

Sei du selbst die Veränderung,
die du dir wünschst für diese Welt.
– Mahatma Gandhi

DIE WAHL DES NEUEN PRÄSIDENTEN

Wer nichts verändern will, wird auch
das verlieren, was er bewahren möchte.
– Gustav Heinemann (1899–1976,
deutscher Bundespräsident)

Endlich lagen die endgültigen Zahlen vor, und es stand fest, dass Barack Obama zum 44. Präsidenten der Vereinigten Staaten gewählt war.

Wir hatten uns im Wohnzimmer unserer Kinder versammelt, um dieses historische Ereignis im Fernsehen zu verfolgen. Als der neu gewählte Präsident Obama seine bewegende Antrittsrede hielt, in der er sich mit großer Bescheidenheit an alle Bürger wandte, zeigte sich vor dem Fernsehschirm ein Orb (Foto 43) und zwar nicht nur einmal, sondern in zwei aufeinanderfolgenden Fotos. Vielleicht wollte der Orb kommunizieren, dass uns in jedem Fall geholfen wird, wenn jeder von uns bereit ist, seinen Teil zu den notwendigen Veränderungen beizutragen. Ein Land zu regieren ist keine One-Man-Show. Es ist notwendig, dass wir alle gemeinsam uns für das höchste Wohl engagieren. Dann wird der erhoffte Wandel gelingen.

GEDENKVERANSTALTUNG FÜR HARRY RATHBUN

Die Gesellschaft als Ganzes profitiert unermesslich von einem Klima, in dem alle Menschen … die Chance bekommen, sich Respekt zu erwerben, Verantwortung zu übernehmen, am Fortschritt teilzuhaben und ein Einkommen zu erhalten, das ihren Fähigkeiten angemessen ist.

– Sandra Day O'Connor
(Richterin am Obersten Gerichtshof der
Vereinigten Staaten 1981–2006)

Dr. Harry Rathbun, ein hoch angesehener früherer Juraprofessor der Stanford-Universität und spiritueller Lehrer, wurde 2007 durch eine Gedenkveranstaltung in der Stanford Memorial Church in Palo Alto geehrt. Professor Rathbun, der 1989 verstarb, war für seine außergewöhnlichen Examensansprachen bekannt. Darin erinnerte er die Studenten an das erste und zweite Gebot des Jesus von Nazareth als Leitsätze für ein erfülltes Leben. Während der Gedenkfeier hielt die frühere Richterin am Obersten Gerichtshof Sandra O'Connor, sie hatte einst bei Rathbun studiert, eine bewegende Rede, in der sie an diese Lebensprinzipien erinnerte. Das Ereignis wurde gefilmt, Fotografieren war nicht erlaubt.

Wir warteten, bis die Rednerin und Richard Rathbun, Harrys Sohn, die Bühne verlassen hatten; dann machten wir beim Verlassen der Stanford Chapel schnell eine Aufnahme (Foto 44). Die große Zahl von Orbs auf diesem spontanen Schnappschuss lässt erahnen, dass während dieser historischen, inspirierenden Feier mehr Orbs anwesend gewesen sein müssen als menschliche Besucher, die nur mit viel Glück eine Eintrittskarte ergattern konnten. Das Publikum, darunter viele Stanford-Studienanfänger, konnten einen Eindruck von Dr. Harry Rathbuns spirituellem Vermächtnis gewinnen. Dieses Erbe ist in seinem Buch *Creative Initiative* dokumentiert und lebt im Gedächtnis jener weiter, die das Privileg hatten, ihn zu kennen.[1]

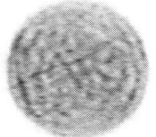

8 Orbs an heiligen Orten

Es gibt zwei Arten, sein Leben zu leben:
entweder so, als wäre nichts ein Wunder, oder so,
als wäre alles eines. Ich glaube an Letzteres.

– Albert Einstein

CHALICE WELL

Anlässlich der *Prophets Conference* zum Thema Orbs, die 2008 in England stattfand, besuchten wir diesen schönen Garten in Glastonbury am Fuß des berühmten Tors. In diesem Garten befindet sich Chalice Well, die »Gralsquelle«. Dort soll Josef von Arimathäa jenen Kelch vergraben haben, in dem bei der Kreuzigung das Blut Christi aufgefangen wurde. Der christlichen Mythologie zufolge symbolisiert das rötliche Wasser der Quelle die rostigen Eisennägel, die bei der Kreuzigung benutzt wurden.

Auf der Aufnahme des kleinen Teiches unterhalb der Quelle sieht man ziemlich ungewöhnliche Orbs (Foto 45). Zwei sich schnell bewegende undurchsichtige Orbs erschienen genau rechtzeitig für dieses Foto auf der Bildfläche. Auf den Vergrößerungen sind sie besonders gut zu erkennen. Wenn Orbs mit einem »Schweif« auf Fotos erscheinen, kann man anhand von dessen Länge ihre Geschwindigkeit schätzen. Der Schweif des Orbs in der oberen Bildmitte ist über einen Meter lang, was auf eine Geschwindigkeit von zirka 8000 Stundenkilometern schließen lässt. Der Orb rechts im Bild bewegte sich mit etwa 500 Kilometern pro Stunde. Die Orbs scheinen mitteilen zu wollen, dass Geschwindigkeit keine Rolle spielt, wenn es gilt, heilende Unterstützung zu bringen.

Dem Wasser dieses Teiches, der wie das Symbol für Unendlichkeit gestaltet wurde, werden besondere Heilkräfte zugeschrieben. Es gibt die Hypothese, dass die Geistwesen nicht nur hier sind, um uns Hoffnung zu schenken, sondern auch um physisch bei Heilungen mitzuhelfen. Dabei geht man davon aus, dass ihre heilerischen Fähigkeiten in Zusammenhang mit ihrer extrem hohen Beweglichkeit stehen. Im zwölften Kapitel finden Sie eine ausführlichere Erläuterung dieses Konzepts.

Stützt das Auftauchen dieser beiden Orbs auf Foto 45, die sich mit hoher Geschwindigkeit bewegen, aber doch langsam genug, dass wir sie »sehen« können, diese Hypothese eines subtilen Energieheilungs-Mechanismus?

»Wenn«

In einer kleinen Kirche im äußersten Südwesten Englands, in der Nähe des Mount Saint Michael, entdeckten wir in einem Souvenirladen eine gekürzte Version des Gedichtes »Wenn« von Rudyard Kipling:

> Wenn einen klaren Kopf du dir bewahrst,
>   obwohl die anderen
> Ihren ganz und gar verlieren und dir die Schuld
>   geben daran,

Wenn du auf dich vertraust, mögen auch alle an
    dir zweifeln,
Und du dich dennoch ihren Zweifeln nicht
    verschließt;
Wenn du warten kannst, ohne dass Warten
    dich ermüdet,
Bei der Wahrheit bleibst, obwohl man Lügen
    über dich erzählt,
Und niemals hasst, auch wenn dir Hass
    entgegenschlägt,
Dir dennoch nicht zu schön vorkommst und
    nicht zu klug;

Wenn du träumen kannst, ohne dich in
    Träumen zu verlieren,
Und denken kannst, ohne das Denken zu
    vergöttern;
Wenn du alle Triumphe, alle Niederlagen
Mit Gleichmut und aufrecht zu nehmen weißt;

Wenn du all deine aufgehäuften Schätze
Für eine gute Sache auf die eine Karte setzt,
Verlierst und wieder ganz von vorne anfängst,
Ohne je zu klagen über den Verlust;

Wenn du zum Volke reden kannst, ohne die
    Tugend zu verlieren,
Mit Königen verkehrst und doch bescheiden
    bleibst,
Wenn Freund und Feind dich nicht verletzen
    können,
Und alle auf dich zählen, jedoch nicht zu sehr;
Wenn du jede verrinnende Lebensminute
Mit sechzig Sekunden Kraft und Liebe füllst,

Gehört die Erde dir mit allen ihren Schätzen,
Und – was mehr zählt – dann bist du ein
Mann, mein Sohn!

In dieser Form wurde das Gedicht häufig von Harry Rathbun rezitiert. Für jene, die seine legendären Examensreden hörten, war das eine unvergessliche Lektion. Dass wir dieses Gedicht in dieser abgelegenen kleinen Kirche in England entdeckten, weckte unser Interesse und ließ uns das bescheidene Gotteshaus um so mehr wertschätzen. Wir machten ein Foto, und zu unserer Freude zeigten sich darauf zwei Orbs (Foto 46). »Es gab einen Grund für euch, in diese Kirche zu kommen«, schienen sie uns zu sagen. »Ja, dieses Gedicht ist es wirklich wert, sich seine Botschaft zu Herzen zu nehmen!«

9 Orbs *zu* Hause

Dein heiliger Ort ist da, wo du dich immer
wieder auf dich selbst besinnen kannst.

– Joseph Campbell

DER FLÜGEL

Schau nach innen. Werde still. Befreie
dich von Angst und Anhaftung. Lerne die
süße Freude des Weges kennen.

– Buddha

Wir haben beide immer sehr gern Klavier gespielt, aber
wegen unseres an Aktivitäten sehr reichen Lebens mit vielen
Ablenkungen haben wir diese Kunst seit mehreren Jahren
nicht mehr ausgeübt und genossen. In letzter Zeit haben wir
bei vielen Gelegenheiten Orbs in der Nähe unseres Flügels
gesehen (Foto 47). Handelt es sich dabei um eine subtile Botschaft, dieses Instrument wieder zu spielen? Da wir so lange
nicht mehr gespielt haben, sind unsere musikalischen Fähigkeiten etwas eingerostet. Möchten die Orbs uns sagen, dass
man nicht perfekt sein muss, um Freude am Spielen eines
Musikinstruments zu haben? Weisen sie uns darauf hin,

dass es sich positiv auf unser Wohlbefinden auswirken wird, wenn wir Arbeit und angenehme Freizeitaktivitäten besser in Einklang bringen?

ENGEL UND ORBS

Der Orb über unserem festlich mit Engeln geschmückten Couchtisch (Foto 48) positionierte sich vor dem Fenster bei einer Weihnachtskrippe und neben mehreren Orb-ähnlichen Fensterdekorationen, als wollte er sagen: »Ich passe ziemlich gut in diese Szene hinein – schließlich bin auch ich ein Engel!«

Vielleicht wollte er außerdem kommunizieren, dass es eine gute Sache ist, das Haus schön zu schmücken, weil das mehr Harmonie und Ausgeglichenheit in unser oft hektisches Leben bringen kann.

DIE RICHTIGE ENTSCHEIDUNG?

Da es sich bei Orbs um empfindsame Wesen handelt, können wir ihnen Fragen stellen und sie vor Entscheidungen um Rat bitten. Sie werden darauf in der ihnen eigenen Weise antworten. Wie wir die Antwort deuten, liegt dann ganz bei uns.

Die Fotografin dieses Bildes (Foto 49) hatte das abgebildete Haus gekauft. Es liegt in der brasilianischen Stadt, in der das Medium João de Deus arbeitet.

Sie fragte sich, ob sie die richtige Entscheidung getroffen habe. Die positive Reaktion aus der jenseitigen Welt war überwältigend. Gleichsam zur Bestätigung, dass es sich um authentische Orbs handelte und durch die Luft schwebende Staubteilchen als Erklärung ausgeschlossen werden konnten,

war auf den Fotos, die sie im Abstand weniger Sekunden
vor und nach dieser Aufnahme machte, kein einziger Orb
zu sehen.

DER 101. GEBURTSTAG

Am Ende kommt es nicht darauf an,
wie viele Jahre wir gelebt haben,
sondern wie lebendig unsere Jahre waren.
– Abraham Lincoln

Wie viele Hundertjährige kennen Sie? Wir schätzen uns
glücklich, einen solchen Menschen gekannt zu haben. Als
diese Dame ihren 101. Geburtstag feierte, erinnerte sie sich
noch immer mit bemerkenswerter Klarheit an Ereignisse in
ihrem Leben, die inzwischen fast ein ganzes Jahrhundert zu-
rückliegen. Auf Foto 50 sehen wir sie rechts, im Gespräch
mit einer nur wenige Jahre jüngeren Dame. Ihre Schwiegertochter, die diese Aufnahme machte, schreibt dazu:

»Die beiden alten Damen lachten und tauschten Lebenser-
innerungen aus. Beide haben einen wunderbaren Sinn für
Humor und sind sehr gesellig und aufgeschlossen! Sie waren
sich an diesem Tag zum ersten Mal begegnet und genossen
diese neue Bekanntschaft sichtlich. Beide hielten sich dort
zum Kaffeetrinken mit Mitgliedern ihrer Familien auf und
sprachen über fröhliche und denkwürdige Familienereignisse.
Der Raum war von Lachen erfüllt.«

Und offensichtlich fanden sich auch angemessen viele Zuhörer aus der anderen Dimension ein, um diesen bemerkenswerten Damen die Ehre zu erweisen.

DIE LEIDENSCHAFTLICHE FLÖTISTIN

Unsere innere Welt ist durch alte traumatische
Erfahrungen belastet, was uns davon abhält,
den Geist zu erfahren ... Wenn wir damit beginnen,
diesen alten Ballast abzuwerfen, fließt die
Energie des Lichts und der göttlichen Liebe
durch unser Wesen.

– Thomas Keating

Eine Frau, die gerade *Das Orb Projekt* gelesen hatte, schickte
uns Foto 51, eine ziemlich verblüffende Aufnahme.[1] Auf
dem Foto befinden sich zwei sehr große Orbs an Stellen, die
auf eine ortsbezogene Botschaft schließen lassen, sowie eine
Anzahl anderer, »konventioneller« Orbs, die wie zufällig im
Bild verteilt scheinen. Zusätzlich – und das ist ungewöhnlich – gibt es eine große Menge winziger Orbs, die ohne eine
starke Vergrößerung des Fotos nur schwer zu erkennen sind.
Beispiele hierfür finden Sie in den beiden gleich vergrößerten Bildausschnitten. Diese winzigen Orbs besitzen ein deutlich
erkennbares »Auge« in der Mitte, unterscheiden sich aber
ansonsten nur unwesentlich voneinander.

Amy, die Frau auf dem Foto, spielt eine irische Blechflöte.
Sie ist eine talentierte, virtuose Musikerin. Sie spielt seit
ihrem fünften Lebensjahr Geige und hatte sich das Spielen
auf der Blechflöte zwei Jahre, bevor diese Aufnahme entstand, selbst beigebracht. Sie liebt keltische, irische und mit-
telalterliche Musik. Seit früher Kindheit hat Amy spontan
auftretende Erinnerungen, die offenbar aus früheren Leben
stammen. Sie sagt dazu:

»Als diese Aufnahme entstand, erinnerte ich mich sofort an
ein früheres Leben, das ich, wie ich glaube, in Irland ver-
brachte. Ich sah Erinnerungsbilder von sanften grünen Hü-
geln und spielte mit großer Freude irische Tänze. Ich erinnere
mich, dass ich auf dem Tisch im Wirtshaus meines Vaters

stand und musizierte. Viele Leute hatten sich um mich versammelt, tanzten und klatschten in die Hände.«

Wurde sie von den Geistern dieser Leute besucht? Bestand bei den Wesen aus der unsichtbaren Wirklichkeit ein allgemeines Interesse am Klang der Blechflöte, oder wurden sie durch Amys musikalisches Können angelockt?

»Ich glaube, dass sie Geistwesen sind, die meine Musik lieben! Mir ist aufgefallen, dass ich, wenn ich lebendige, fröhliche Lieder spiele, viele Zuhörer aus der geistigen Welt habe. Wenn ich melancholische, traurige, langsame Lieder spiele, zeigen sich dagegen fast keine Orbs.«

Das Foto scheint Amys intuitive Wahrnehmung zu bestätigen.

ORBS IN DER NÄHE VON HAUSTIEREN

Viele Tierfreunde haben schon Orbs auf den Fotos ihrer Haustiere bemerkt. Uns sind zahlreiche entsprechende Fotos und Berichte zugesandt worden, von denen wir eine sehr ungewöhnliche Aufnahme ausgewählt haben (Foto 52). Sie stammt von Sandra Sanders und wurde in den späten Neunzigerjahren mit einer konventionellen Fotokamera aufgenommen. Man sieht darauf ihr neues Hündchen und ihren älteren Hund. Sie hatten eine Weile zusammen gespielt, dann hielten sie plötzlich inne und fingen an zu bellen. In diesem Moment machte Sandra mehrere Fotos, darunter auch dieses. Es war die einzige Fotoserie von ihren Hunden, auf der die »geschweifte« Orbs auftauchten. Das sind Orbs, die sich schnell bewegen und einen weitgehend durchscheinenden Lichtschweif hinter sich herziehen. Auf diesem Foto beginnt, oder endet, der Schweif am Kopf von Sandras älterem Hund.

Sandra beschreibt die ungewöhnlichen Begleitumstände des Fotos:

»Als ich diese Aufnahme damals machte ..., hatte ich den Eindruck, dass es sich um ein spirituelles Phänomen handelte, das mit meinem Vater in Zusammenhang stand. Er war kurz zuvor gestorben, und danach klingelte bei uns immer wieder das Telefon. Wenn mein Mann oder ich den Hörer abhoben, war am anderen Ende der Leitung nichts zu hören, keine Stimme, kein Rauschen, kein Wählton, gar nichts, nur Stille.«

Bei dieser Geschichte gibt es mehrere interessante Aspekte. Erstens zeigt sich hier, dass Orbs unter bestimmten Bedingungen auch auf Fotos erscheinen, die mit herkömmlichem Emulsionsfilm gemacht wurden. Zweitens könnte es sich um einen authentischen Versuch von Susans verstorbenem Vater handeln, mit ihr Kontakt aufzunehmen und eine Botschaft zu übermitteln. Da es sich bei Orbs um elektromagnetische Manifestationen handelt, könnten sie durchaus über genügend Energie verfügen, um elektrische Niedrigspannungsphänomene auszulösen wie die »Telefonanrufe«, von denen Susan berichtet. Das stimmt mit ähnlichen Erfahrungen anderer Personen überein und passt zu der Stärke des Signals, das auf Susans Fotos festgehalten wurde. Da diese sich bewegenden Orbs auf herkömmlichem Emulsionsfilm sichtbar wurden, müssen sie energiereicher gewesen sein als die »normalen« Orbs, die man auf Digitalfotos sieht.

Susan war die einzige Person, die die Botschaften ihres Vaters empfing. Um die Nachricht verstehen zu lernen, sollte sie die ungewöhnlichen Umstände berücksichtigen: die Anwesenheit der beiden Hunde, die energiereichen Geist-Emanationen zu einer Zeit, als das Orb-Phänomen noch weitgehend unbekannt war, den Beruf ihres verstorbenen

Vaters, das Timing, den Ort und andere »seltsame« Erlebnisse, die sie damals möglicherweise hatte. Wenn sie sich von ihrer Intuition leiten lässt und man davon ausgeht, dass die Botschaft und das gesamte Erlebnis positiver, liebevoller Natur waren, kann sie von diesen Orb-Erscheinungen heilende Impulse erhalten.

10 Orbs _mit_ Gesichtern

Transformation bedeutet ganz buchstäblich,
über unsere bisherige Form hinauszugehen.
— Dr. Wayne W. Dyer

Lange Zeit bezweifelte Klaus, dass Orbs wirklich Gesichtszüge enthalten können. Entsprechende Berichte hielt er für
subjektiv und anekdotenhaft.

Da ihm jedoch immer klar war, dass es sich bei den Orbs
um Emanationen hochintelligenter Geistwesen handelt,
mochte er nicht völlig ausschließen, dass dies vorkommen
könnte, auch wenn er es persönlich noch nie gesehen hatte
und ihm dafür keine glaubwürdigen Tatbestände vorlagen.

Auch wollte er nicht kategorisch ausschließen, dass Menschen,
die Gesichter in Orb-Aufnahmen hineininterpretieren, dabei
etwas Realem auf der Spur sein könnten.

Widmen wir uns nun ausführlicher diesem Phänomen,
indem wir Ihnen »Gesichter in Orbs« präsentieren, durch
die sich Klaus' Ansichten zu diesem Thema völlig verändert haben.

DIE GESICHTER IN JANICES ORBS

Foto 53 wurde uns von einer englischen Orb-Enthusiastin zugeschickt. Es handelt sich um Ausschnittsvergrößerungen tadelloser Originalfotos.

Janice, eine Londoner Polizistin, schreibt zur Entstehung des linken Fotos:

»Zunächst möchte ich betonen, dass ich ein sehr bodenständiger, vernünftiger Mensch bin. Am 30. August flog ich nach Kroatien zur Hochzeit meiner Tochter. Während des Fluges las ich in der *Times* Ihren Artikel über Orbs.[1] Ich fand ihn sehr interessant und bewahrte ihn auf, um ihn einer Freundin zu zeigen. Am 2. September, nach der Hochzeitszeremonie, die in der Ruine einer alten Kirche stattfand, und dem anschließenden Festessen mit den üblichen Ansprachen wurden wir alle hinter ein altes Gebäude geführt. Dort gab es eine offene Tanzfläche direkt am Waldrand, rustikal und wirklich hübsch. Gerade als die Tanzmusik einsetzte, richtete ich meine Sony-Digitalkamera auf die Bäume, wo es keine künstliche Lichtquelle gab. Ehe ich den Auslöser betätigte, musste ich an Ihren Artikel denken und dass Sie erwähnt hatten, man könne die Orbs regelrecht einladen. Ohne es besonders ernst zu meinen, sagte ich still, in Gedanken:»Falls es hier irgendwelche Orbs gibt, seid ihr herzlich zur Party eingeladen.« Dann machte ich mein Foto, und zu meinem Erstaunen fanden sich darauf viele Orbs von unterschiedlicher Größe. Ich aktivierte die Vergrößerung, um die inneren Muster der Orbs besser sehen zu können. Dabei fiel mir ein kleiner Orb besonders auf, denn er enthielt ein sehr deutlich erkennbares Gesicht. Ich erinnerte mich nicht, dass Sie in Ihrem Artikel solche Gesichter erwähnt hatten. Ich war verblüfft. Ich zoomte noch stärker, um den Orb besser betrachten zu können. Und ohne jeden Zweifel erkennt man darin deutlich das Gesicht eines Wesens – eines nicht-menschlichen Wesens, das aus dem Orb herausschaut, etwas nach links gewandt. Man kann die Kopfform erkennen, vorstehende Wangenknochen, deutlich sichtbare Augen – ziemlich große Augen, und einen kleinen Mund, der zu pfeifen scheint, oder jedenfalls kommt es mir so vor, als würde er pfeifen. Es ist, als würde dieses Wesen dem festlichen Treiben der Hochzeitsgesellschaft zuschauen.«

Janice schickte uns außerdem ein Foto, das sie nach ihrer Rückkehr in London aufgenommen hatte. Es enthielt einen winzigen Orb, den sie ausgeschnitten und stark vergrößert hatte. Dazu bemerkte sie:

»Auf diesem Foto sieht man deutlich das weiße Gesicht eines anderen Wesens in einem Orb-artigen Objekt. Mir scheint es, als sei hier gewissermaßen ein kleiner, kreisförmiger Teil der Atmosphäre abgeschält worden, um das Wesen sichtbar zu machen.«

Die Botschaft beider Orbs könnte allein für die Fotografin bestimmt gewesen sein, nicht für die Öffentlichkeit. Der erste Orb könnte eine Bestätigung für Janice darstellen, dass unser Artikel über Orbs der Wahrheit entsprach: Du kannst sie herbeirufen, und dann zeigen sie sich auf deinen Fotos; sie sind intelligent und interessieren sich für das, was um dich herum vorgeht. Die Botschaft des zweiten Fotos könnte einfach darin bestehen, dass man, obwohl die Auflösung der inneren Orb-Strukturen auf den Fotos zwangsläufig sehr gering ist, viele Erscheinungsformen und Botschaften darin erkennen kann.

Es geht hierbei nicht darum, dass alle Leser die Fotos genau so interpretieren wie Janice. Was die Deutung von Orbs angeht, gibt es kein absolutes Richtig oder Falsch. Es bleibt stets ein gewisser Grad der Subjektivität seitens des Betrachters.

GESICHT IM SCHUPPEN

Vertraue auf dich selbst. Du weißt mehr,
als du zu wissen glaubst.

– Benjamin Spock

Klaus blieb bezüglich der möglichen Gesichter in den Orbs auch weiterhin skeptisch – bis zu jenem Abend im Juni 2008, als sich plötzlich alles änderte. Nachdem wir auf einer Konferenz in Norddeutschland einen Vortrag gehalten hatten, lud uns der Veranstalter ein, an einer Orb-Fotosession teilzunehmen. Sie fand auf einem abgelegenen Feld statt, das in dem Ruf stand, »häufig von Geistwesen besucht zu werden«. Da wir uns nur wenig für die Idee erwärmen können, Geistwesen würden sich an manchen Orten mehr »herumtreiben« als an anderen, vor allem an so abgelegenen, folgten wir der Einladung nur widerstrebend. Tatsächlich erwies sich die »Ausbeute« an Orbs als nicht größer denn bei unseren üblichen Settings, also an den von uns bevorzugten Orten, an denen Menschen sich gern und häufig aufhalten.

Ein Orb-Fotograf, der in der Gegend wohnte, schlug vor, dass wir ein Foto in einem verlassenen Schuppen am Rand des Feldes machen sollten. Der Schuppen war zu einer Seite hin völlig offen. Vielleicht hatte er früher einmal als Unterstand für Wanderer gedient. Auf der ersten Aufnahme, die wir dort machten, Foto 54, sieht man nicht nur zwei sehr helle Orbs, sondern eines davon (beachten Sie die Vergrößerung des linken Orbs) enthält Gesichtszüge von einer Deutlichkeit, dass Klaus' Skepsis bezüglich dieses Phänomens sich in Luft auflöste. Nun lautete die Frage nicht länger: *Ist es möglich, dass Orbs Gesichter enthalten?*, sondern vielmehr: *Wen sehen wir in den Orbs?*

Wir machten weitere Fotos desselben Motivs, um diese ungewöhnliche Erscheinung eines Geistwesens mit einem Gesicht besser analysieren zu können und um auszuschließen, dass es sich bei den klar erkennbaren Gesichtszügen (Augen, Mund, Schnurrbart und Nase) lediglich um zufällige Strukturen auf dem Holz im Hintergrund handelte. Strukturen im Hintergrund, die durch den Orb hindurchschimmern, werden von Skeptikern gern angeführt, um die Möglichkeit, es könnte sich tatsächlich um Gesichter handeln, in Zweifel zu ziehen.

Schauen Sie sich den vergrößerten Ausschnitt des Orb-Fotos an und vergleichen Sie ihn mit dem nachfolgenden »Kontroll-Foto«, auf dem keine Orbs zu sehen sind. Die Stellen, an denen sich auf dem ersten Foto die Orbs befanden, haben wir durch Kreise markiert.

Eine Analyse der beiden Fotos zeigt, dass die Augen auf dem Orb nicht exakt mit den Astknoten im Holz übereinstimmen, auch wenn sie in einem Bereich auftreten, in dem das Holz dunkler ist. Die Nase und der Mund folgen, bis zu einem gewissen Grad, bestimmten Strukturen des Holzes. Doch auf keinen Fall sind die Holzstrukturen auf dem Vergleichsfoto so detailliert, dass ein Gesicht oder Gesichtszüge darauf erkennbar wären.

Bei dem Orb rechts im Bild sind die Holzstrukturen im Hintergrund ähnlich deutlich sichtbar, ohne dass hier ein Gesicht auszumachen wäre.

Mit der gebotenen Vorsicht schließen wir aus diesen Aufnahmen und anderen ihnen ähnlichen, dass Orbs – oder vielmehr die Geistwesen, deren Emanationen die Orbs sind – *möglicherweise* in der Lage sind, physikalisch vorhandene Strukturen im Hintergrund zu nutzen, um den Eindruck eines Gesichtsbildes hervorzurufen, wenn es das ist, was sie kommunizieren möchten.

Außerdem schließen wir aus dieser Fotoserie:

✿ Die Botschaft richtet sich in erster Linie an den Fotografen und signalisiert ihm, dass Orbs tatsächlich Gesichtszüge aufweisen können.

✿ Bei der Formung der Gesichtszüge werden Strukturen im Bildhintergrund von den Geistwesen intelligent genutzt, zum Beispiel durch eine geschickte Positionierung des Orbs, wodurch die zur Hervorbringung des Orbs erforderliche physikalische Energie sehr, sehr gering bleibt.

✿ Auf den meisten Orb-Fotos erkennt man keine Gesichter, was sich wohl darauf zurückführen lässt, dass die Erzeugung solcher Formen ziemlich kompliziert ist und die Struktur des Bildhintergrundes es zudem häufig unmöglich macht, sie zu erzeugen. Bei Orbs vor einem unifarbenen, unstrukturierten Hintergrund funktioniert dieser Mechanismus beispielsweise überhaupt nicht.

✿ Und schließlich kamen dieses Foto und seine sehr persönliche Botschaft nur zustande, weil wir unserer Intuition gefolgt sind. So wie der erste Orb, den wir überhaupt auf einem Foto sahen, riesig und sehr hell sein musste, um unsere Aufmerksamkeit zu erregen, musste auch das erste Orb-Gesicht, das Klaus von seiner Skepsis befreite, klar und einwandfrei erkennbar sein.

DIE MÜHLE AM FLOSS

Diese Ergebnisse wurden durch Fotos und einen Bericht bestätigt, die uns von Freda Chaney erreichten, deren Geschichte absolut erstaunlich ist. Sie schickte uns den folgenden Bericht über Orbs, die sie in ihrer Bibliothek fotografierte:[2]

»Ich vergrößerte den Orb auf dem Computermonitor und sah, dass er über einem Roman zu schweben schien, und zwar über *Die Mühle am Floss* von George Eliot (Foto 55). Das faszinierte mich, also vergrößerte ich das Foto noch stärker und entdeckte in dem Orb die Gesichter einer Frau und eines jungen Mädchens. Die Frau hatte blondes Haar und trug ein helles Kleid. Das Mädchen hatte dunkles Haar und trug ein dunkles Kleid mit einem weißen Kragen. Um meine Neugier zu befriedigen, nahm ich *Die Mühle am Floss* aus dem Regal und blätterte darin. In dem Buch befinden sich Gemälde der Hauptfiguren – darunter eine blonde Frau mit einem hellen Kleid und ein junges Mädchen mit dunklem Haar und einem dunklen Kleid mit weißem Spitzenkragen. Zufall? Mein Mann empfahl mir, das Buch zu lesen, um herauszufinden, ob sich darin Antworten auf einige ungelöste Fragen in meinem eigenen Leben befanden ...«

Bei den drei Bildern (Foto 55 und den beiden linken Bildern von Foto 56) handelt es sich um das ursprüngliche Foto aus der Bibliothek und zwei schrittweise Vergrößerungen des Orbs und seiner inneren Struktur. Nur bei der stärksten Vergrößerung (Foto 56 links unten) haben wir den Kontrast geringfügig bearbeitet.

Wir müssen zugeben, dass es uns schwerfällt, in dem Orb die Details auszumachen, die Freda beschreibt, aber es bestehen wenig Zweifel, dass darin zwei weiblich wirkende Wesen erkennbar sind.

Wir baten Freda, uns auch das Foto zu schicken, das sie acht Sekunden vor jenem gemacht hatte, auf dem Orb über dem Buch schwebte. Wie erwartet, war darauf an dieser Stelle kein Orb zu sehen. Das ermöglichte es uns, den Hintergrund darauf hin zu analysieren, ob er Strukturen aufwies, die den Formen innerhalb des Orbs ähnelten, so wie wir es auch bei dem linken Orb von Foto 54 gemacht hatten.

Nach sorgfältiger Untersuchung jener Stelle, vor der der Orb erschienen war, unter Verwendung der gleichen Kontrastverstärkung wie bei Foto 56, gelangten wir zu dem Schluss, dass es keine offensichtliche Ähnlichkeit zwischen dem Bildhintergrund und den beiden Wesen in dem Orb gibt. Dieses Kontrollbild sehen Sie auf Foto 56 rechts. Möglicherweise gibt es dennoch einen gewissen Zufallseffekt, der zu dem Eindruck beigetragen haben könnte, dass sich zwei Wesen in dem Orb befinden. Aber dieses »konventionelle« Argument steht auf unsicherem Boden: Das Bild der beiden Wesen, so schemenhaft es auch wirken mag, scheint echt zu sein.

Das wiederum würde bedeuten, dass unsere aufgrund des früheren Fotobeispiels geäußerte Annahme, dass die Geistwesen, wenn sie sich uns in Orbs mit gesichtsartigen Strukturen zeigen wollen, dazu auf intelligente Weise Strukturen im Bildhintergrund nutzen, auf manche, jedoch nicht auf alle Fälle zutrifft. Offenbar sind sie auch in der Lage, den visuellen Eindruck, den sie dem Betrachter vermitteln wollen, ganz aus sich heraus zu erzeugen.

Wir teilten Freda unsere vorläufigen Schlussfolgerungen mit und empfahlen ihr, dem Vorschlag ihres Mannes zu folgen und *Die Mühle am Floss* zu lesen. Vielleicht würde sie so Hinweise darauf finden, welche Botschaft der Orb ihr übermitteln wollte.

Sie befolgte den Rat, und ihre erste Reaktion war: »Das ist einfach unglaublich!«

Es ist offensichtlich, dass die Figur der Maggie in diesem Roman viele Parallelen zu George Eliots eigenem Leben aufweist, was von der Autorin sicherlich so beabsichtigt war.

»Zwischen mir und Maggie (und somit George Eliot) gibt es so viele Parallelen«, schrieb Freda, »dass es sehr zeitaufwendig wäre, sie alle darzulegen. Die offensichtlichsten werde ich im Anschluss nennen. Ich schreibe das auf, weil ich fasziniert bin von den ›Hinweisen‹ in diesem Buch, die mir helfen, mich selbst und mein Leben besser zu verstehen, weil es mir gleichsam auf objektive Weise gespiegelt wird.«[3]

Freda beschrieb dann eine erstaunlich große Anzahl von etwa einhundert Parallelen zwischen Maggie und sich – von gemeinsamen Interessen über das Familienleben bis zur emotionalen Verfassung. Wir listen hier nur einige wenige auf:

»George Eliot studierte Theologie, und ich promovierte in Theologie. Maggies Bruder wird von ihren Eltern bevorzugt. Auch meine Eltern bevorzugten meine Brüder. Am Schluss kommt Maggie in einem Bootsunfall ums Leben, als sie ihren Bruder Tom rettet (der ihr als Erwachsene jahrelang ablehnend gegenübergestanden hatte). Ich wäre beinahe bei einem Bootsausflug mit Freunden ums Leben gekommen. Und wie Maggie erfuhr ich als Erwachsene starke Ablehnung durch einen meiner Brüder.

Ich habe in der Vergangenheit einige unglückliche Entscheidungen getroffen und sehr darunter gelitten. Maggie erging es ebenso. Wir erlebten beide unsere ›dunkle Nacht der Seele‹. Wir wuchsen beide an diesen Erfahrungen und verleugneten unser wahres Wesen nicht, sondern blieben unserer inneren Empfindsamkeit treu. Maggie war äußerst emotional – so sehr, dass die anderen sie oft nicht verstanden. Sie war von dem tiefen Wunsch erfüllt, geliebt und akzeptiert zu werden. Ich verlor schon als sehr junger Mensch meine Mutter und litt unter dem daraus resultierenden Mangel an Zuwendung. Ihre Mutter starb, als George Eliot noch ein Teenager war, ein emotionales Trauma, unter dem sie ihr ganzes Leben litt.

George Eliot heiratete einen Mann namens John Walter Cross, als ihr erster ›Mann‹ George Lewes gestorben war. Mein erster Mann hieß John Walter.«

Freda erwähnte weitere, noch erstaunlichere Ähnlichkeiten, die sie in ihrem Buch *George Eliot Lives: An Incredible Story of Reincarnation* ausführlich beschreibt. Sie betont: »Bedenken Sie bitte, dass ich *Die Mühle am Floss* nie zuvor gelesen hatte. Ich schlug das Buch nur auf, weil der Orb mich darauf aufmerksam gemacht hatte. Tatsächlich steckte es in einem Schutzumschlag, wodurch der Titel auf dem Buchrücken im Regal für mich gar nicht sichtbar war.«

Freda fasst das, was sie aus dieser durch das Orb-Foto ausgelösten Erfahrung gelernt hat, folgendermaßen zusammen:

»George Eliots Leben und Werk, besonders *Die Mühle am Floss*, haben mir zu der Einsicht verholfen, dass ich mit meinen Sorgen und dem Gefühl, anders als meine Zeitgenossen zu sein, nicht allein bin. Maggie ist ein ausgezeichnetes Beispiel für einen Menschen, der bestimmte Aspekte des Lebens wie ein Kind sieht – als mystisch und geheimnisvoll. Sie ist übermütig und wird oft missverstanden, als Kind ebenso wie später als Erwachsene – etwas, das mir auch jahrelang zu schaffen machte. Und, was am wichtigsten ist, durch Eliots Buch begriff ich, dass wir, wenn wir beharrlich sind, schließlich herausfinden, was wir in Wahrheit immer schon gewusst haben – dass ›Gott mit krummem Finger gerade schreibt‹. Wenn wir die dunklen Nächte der Seele überleben, können wir neuen Sinn im Leben finden und neue Wege beschreiten. Wir müssen innerlich offen bleiben.«

Als wären diese phänomenalen Ähnlichkeiten zwischen Freda, Maggie und George Eliot noch nicht genug, um selbst die heftigsten Kritiker der Orbs und ihrer Botschaften zu beeindrucken, fährt Freda fort:

»Ich erfuhr außerdem, dass Eliot eine Novelle mit dem Titel *Hinter dem Schleier* (engl. *The Lifted Veil)* geschrieben hat, in der sie sich mit paranormalen Phänomenen befasst. Der überwiegende Teil ihres Werkes ist realistischer Natur. Ich finde es unheimlich, dass sie eine Novelle über Paranormales schrieb, deren Titel stark dem Titel der DVD *Orbs – Der Schleier hebt sich* (engl. *Orbs: The Veil Is Lifting)* ähnelt.[4]

Vielleicht hat George Eliot eine Botschaft für die heutige Zeit, die weit über die Synchronizitäten zwischen ihrem und meinem Leben hinausgeht. Vielleicht wusste der Geist-Orb, wie hartnäckig ich diese Informationen recherchieren und dass ich sie an andere weitergeben würde. Könnte es sich um einen gut vorbereiteten Plan handeln, der dem höchsten Wohl aller dient? Ich bin mir dessen sicher, denn bevor ich den Orb auf dem Foto sah, habe ich mich nie für George Eliots Bücher interessiert. Hätte der Orb mich nicht dazu veranlasst, wäre es extrem unwahrscheinlich gewesen, dass ich auf die Idee gekommen wäre, mich über ihr Leben und Werk zu informieren.«

Nachdem uns klar geworden war, wie bedeutsam diese Erkenntnisse sind, fragten wir Freda, ob sie uns noch andere Orb-Aufnahmen schicken könne. Aus einer großen Fotosammlung wählte sie zwei Bilder aus. Sie waren etwa vier Jahre vor der Aufnahme entstanden, in der der Orb sie auf das Buch *Die Mühle am Floss* aufmerksam gemacht hatte.

Wir zeigen davon nur eines (Foto 57). In zwei Vergrößerungen sieht man Gartenmöbel auf ihrer Terrasse – mit zwei Orbs, die auf einem leeren Stuhl »sitzen«. Auf dem anderen Foto ist eine leere zweisitzige Bank zu sehen, auf der ein einzelner Orb sitzt.

Warum hat Freda aus ihrer Sammlung mit Hunderten von digitalen Orb-Fotos gerade diese beiden ausgewählt? Zuerst einen Stuhl mit zwei Orbs darauf, dann eine zweisitzige Bank mit einem Orb – war diese Wahl wirklich rein zufällig? Aus Fredas Perspektive mag das zutreffen. Aber gab es dahinter vielleicht doch eine Geschichte?

Hier ist die Geschichte, von der wir vorsichtig vermuten, sie könnte diesen bemerkenswerten Fotos und Ereignissen zugrunde liegen, erzählt in Form einer Hypothese. Der Leser möge selbst entscheiden, wie plausibel sie ihm erscheint:

George Eliot, im vollen Bewusstsein, dass Freda ihre Reinkarnation ist, verspürte das dringende Bedürfnis, mit ihr zu kommunizieren. Jedoch war sich Freda in keiner Weise dieser Kommunikationsversuche bewusst.

Eliot wusste, dass Freda begonnen hatte, sich für Orbs zu interessieren. Also versuchte sie, durch Orb-Emanationen mit Freda zu kommunizieren. Zwei Orbs auf einem leeren Stuhl? Und dann ein Orb auf einer Zweisitzer-Bank? Vielleicht hoffte Eliot, Freda würde dies als Hinweis darauf verstehen, dass die Orbs zwei Inkarnationen einer Seele symbolisierten – dass sie und Eliot in karmischer Hinsicht immer noch miteinander verbunden waren, wenn auch nur in einem gegenwärtigen Leben – dem von Freda. Aber Freda stellte diese Verbindung nicht her. Eliots Kommunikationsversuch war fehlgeschlagen.

Dann, etwa vier Jahre später, eröffnete sich eine neue Gelegenheit zur Kommunikation, und Eliot nutzte sie sofort. In diesem Zusammenhang ist es wichtig, sich klarzumachen, dass aus der Perspektive jener Dimension, in der Eliot sich befindet, Zeit keine große Bedeutung hat. Diese Realität ist im Wesentlichen zeitlos. Vergangenheit ist Gegenwart ist Zukunft – ein Konzept, das aus der menschlichen Perspektive nur schwer zu begreifen ist. Diesmal machte Freda Fotos in ihrer Bibliothek. Das bot Eliot die Gelegenheit, Freda einen unmissverständlichen Hinweis auf ihr Buch zu übermitteln – mit Hilfe eines Orbs, der Fredas Aufmerksamkeit auf das Buch und damit auf die Parallelen zwischen ihrem eigenen und Eliots Leben lenkte. Und nun funktionierte die Kommunikation, wie uns Fredas Bericht zeigt. Freda bemerkte den Orb und reagierte so darauf, wie Eliot es sich erhofft hatte.

Fredas Geschichte ist ein herausragendes Beispiel dafür, dass Orbs, die Bilder von Gesichtern enthalten, den Personen, die das Foto aufnehmen, etwas mitzuteilen versuchen. Wenn die Geistwesen, die Urheber der Orbs sind, wissen, dass der Mensch, der das Foto zuerst sieht, also in der Regel der Fotograf, empfänglich dafür ist, menschenähnliche Gesichter in Orbs zu erkennen, sind sie in der Lage dazu, diese Erscheinungsform anzunehmen. Freda war dafür empfänglich. Andere Menschen sind vielleicht weniger offen für diese spezielle Art der Orb-Kommunikation. Sie sprechen eher auf andere Orb-Strukturen an, zum Beispiel auf Formen, die wie Mandalas aussehen.

Offensichtlich kommt es nicht in erster Linie darauf an, dass die Betrachter sich über die Strukturen einig sind, die sie in den Orbs sehen. Der Schlüssel liegt darin, dass wir unsere Wahrnehmung weit genug entwickeln, um den Sinn hinter den Orb-Bildern zu erkennen. Die Wesenheiten, die Orbs auf unseren Fotos erscheinen lassen, werden sich an unsere Wahrnehmung anpassen und die Form wählen, die am besten zu den jeweiligen Umständen passt.

11 Sie sind *überall*

Intuition und Konzepte sind Elemente von allem
Wissen, so dass weder Konzepte ohne dazu
passende Intuition noch Intuition ohne Konzepte
wahres Wissen bewirken können.

– Immanuel Kant

Wir haben dieses Buch geschrieben, um Ihnen zu zeigen, dass diese Kapitelüberschrift der Wahrheit entspricht. Dabei geht es nicht bloß um die Tatsache, dass Geistwesen existieren, sich in unserer Nähe aufhalten und nun mit Hilfe der Digitalfotografie sichtbar gemacht werden können, wie beispielsweise auf Foto 58, das Gundi an der Hauptstraße von Abadiânia in Brasilien zeigt. Viel wichtiger ist, dass die Geistwesen mit uns kommunizieren wollen. Sie wollen uns helfen, uns bei unserer Entwicklung unterstützen.

Nicht jede Erfahrung, die unter die Kategorie »Orbs« eingereiht werden kann, lässt sich mit hübschen Orb-Fotos dokumentieren. In manchen Fällen können Menschen die Orbs, die sich in ihrer Nähe bewegen, sogar mit bloßem Auge sehen (oder ihre Anwesenheit spüren) – und in einigen dieser Fälle ist das ein so starkes und tiefgreifendes Erlebnis, dass es als völlig überflüssig empfunden wird, es durch Fotos oder andere Aufzeichnungen zu dokumentieren. Hierfür kann die folgende Geschichte als Beispiel dienen, die uns von Kay, einer Geschäftsfrau aus Branson West, Missouri, zugeschickt wurde:

»Am Montag, dem 2. Juli 2007, hatte ich ein Erlebnis, das wohl auf einen Orb zurückzuführen war. Ich wusste nicht viel über Orbs. Inzwischen habe ich mich ein wenig informiert und herausgefunden, dass die meisten Menschen sie nicht mit bloßem Auge sehen können wie ich an jenem Abend, sondern lediglich auf Digitalfotos.

An jenem Abend hatte ich tatsächlich Kontakt mit dieser ›Lichtenergie‹. Ich habe sie nicht nur gesehen, sondern wirklich mit diesen intelligenten Wesen kommuniziert. Das Erlebnis dauerte ungefähr zwei Stunden. Die ›Lichtenergie‹ hielt sich außerhalb meiner Wohnung in Branson, Missouri, auf, und zwar von etwa 22 Uhr bis Mitternacht. Sie schwebte zunächst ungefähr zehn Meter über mir, kam dann jedoch näher heran – bis sie zeitweise nur Zentimeter vor meiner ausgestreckten Hand schwebte. Dann, am Ende dieser zwei unglaublichen Stunden, entfernte sie sich wieder von mir, schwebte rasch in den Himmel hinauf und verschwand.

Die Erscheinung bestand aus vier etwas verschwommenen weißen Lichtern, die im gleichen Abstand zueinander schwebten und gegen den Uhrzeigersinn rotierten. Immer wenn sie sich vier bis sechs Mal um sich selbst gedreht hatten, vereinigten sich die vier Lichter zu einem dichten Ball aus Licht. Dann trennten sie sich abrupt wieder zu vier schwachen Einzellichtern, und der Prozess aus Rotationen und anschließender Vereinigung begann erneut.

Während dieses Erlebnisses telefonierte ich über Handy mit meiner Schwester in New York. Sie hatte Angst um mich und sagte, ich solle zurück ins Haus gehen, aber ich selbst verspürte keine Angst, sondern war völlig fasziniert von dem Phänomen. Als ich es zuerst sah, schwebte es über dem Dach des Hauses, und ich hielt es für eine neue Leuchtreklame an einem der Nachbarhäuser. Als ich jedoch weiter auf den Parkplatz hinausging, bewegte es sich mit mir mit, schwebte über meinem Kopf und näherte sich mir, wobei es die ganze Zeit rotierte, sich in der Mitte vereinigte und sich anschließend wieder in die vier einzelnen Lichter aufteilte.

Ich wurde neugierig und beschloss, etwas mit der Lichterscheinung zu ›spielen‹. Ich ging etwa hundertfünfzig Meter auf ein Gebäude links von dem Haus zu, in dem sich meine Wohnung befindet, und die über mir schwebende Erscheinung folgte mir! Dann beschloss ich, den Hügel hinauf zum Highway zu gehen, wo sich ein kleines Einkaufszentrum befindet. Als ich oben auf dem Hügel stand, immer noch über Handy mit meiner Schwester telefonierend, streckte ich meine rechte Hand nach oben aus. Die ›Lichter‹ kamen daraufhin sehr nah zu mir, wobei eines der vier Lichter sich von den anderen drei löste, die weiterhin entgegen dem Uhrzeigersinn rotierten. Das eine Licht näherte sich so weit, dass es fast meine Fingerspitzen berührte!

Als das geschah, durchströmte mich ein Gefühl ›reiner Liebe und völligen Friedens‹! Es war wundervoll! Ich weiß noch, dass ich mich ganz und gar von Liebe erfüllt fühlte und zu meiner Schwester am Telefon sagte: ›Es ist schön! Es ist schön!‹ Aber es war keine ›physische‹ Schönheit, denn es ging lediglich ein mattes, verschwommenes weißliches Leuchten von den vier Objekten aus. Aber ich *fühlte* die Schönheit.

Dann ging ich bestimmt noch fünfhundert Meter weiter, und die ganze Zeit folgten die Lichter mir und schwebten über meinem Kopf. Ich saß vielleicht zwanzig Minuten auf dem Bordstein und redete mit meiner Schwester, denn die Sache hatte mich völlig aus der Fassung gebracht. Die Lichter entfernten sich ein Stück und schwebten nun höher über mir. Ich sah zu, wie sie in ständiger Folge rotierten, sich vereinigten und abrupt wieder in vier Einzellichter aufteilten.

Dann beschloss ich, zu meiner Wohnung zurückzugehen. Die Lichterscheinung folgte mir. Zu Hause angekommen, holte ich einen Klappstuhl und stellte ihn mitten auf den Parkplatz. Dort setzte ich mich hin und telefonierte weiter mit meiner Schwester – und die ganze Zeit schwebten die rotierenden und sich vereinigenden Lichter über mir. Dann geschah etwas Seltsames. Ich hatte gerade darüber nachgedacht, wo meine Kamera und die Batterien waren – ich überlegte, die Erscheinung zu fotografieren, da meine Freundinnen mir ohne einen solchen ›Beweis‹ die Sache bestimmt nicht glauben würden. Ich hatte das kaum zu Ende gedacht, da entfernten sich die Lichter plötzlich von mir und stiegen steil in die Höhe. Sie wurden zu vier kleinen Kugeln aus Licht mit klaren, festen Umrissen – und dann, als hätte jemand das Licht ausgeknipst, waren sie verschwunden! Zuerst bekam ich Angst und dachte: *Oh, jetzt beamen sie dich nach oben!* Aber die Lichter verschwanden einfach, und ich habe sie seitdem nie wieder gesehen.«

Die besonders bemerkenswerten Aspekte dieses Berichts sind die Dauer des Erlebnisses (zwei Stunden!), der Umstand, dass während der ganzen Zeit telefonischer Kontakt zu einer Zeugin bestand, dass die Wesen Kay folgten, während sie zu Fuß eine beträchtliche Distanz zurücklegte, das Gefühl von Freude, Frieden und Liebe während des Erlebnisses und die Umstände, unter denen die Vision endete.

Uns ist kein anderer Fall bekannt, bei dem eine solche Erfahrung ähnlich lange gedauert hätte. Und wie es scheint, hat es allen Beteiligten, denen in dieser Welt ebenso wie denen in der (normalerweise) unsichtbaren Dimension wirklich Freude gemacht.

Außerdem ist es ziemlich ungewöhnlich, dass die Geistwesen Kay viele hundert Meter weit gefolgt sind. Es ist beruhigend, dass Kay sich während der gesamten Begegnung sicher und wohl fühlte. Zweifellos handelte es sich um wohlwollende, gutartige Geistwesen. Sie müssen sich gefreut haben, dass Kay sie sehen konnte und ihrer Schwester davon erzählte, die dadurch zur Zeugin des Geschehens wurde. Es ist durchaus möglich, dass die Geistwesen weitere Beweise, etwa in Form von Orb-Fotos, für überflüssig hielten und das der Grund dafür war, dass sie verschwanden, als Kay daran dachte, sie zu fotografieren.

Vielleicht missfiel ihnen aber auch, dass Kay in die Denkmuster der linken Gehirnhälfte zurückfiel und überlegte, wie sie anderen Menschen die Echtheit ihres Erlebnisses beweisen konnte. Das würde darauf hindeuten, dass unsere rechte Gehirnhälfte, unsere intuitive Seite, von den Orbs bevorzugt wird, wenn sie mit uns kommunizieren möchten. Da unsere Gesellschaft überwiegend »linkshirnig« orientiert ist, wäre das eine Erklärung dafür, warum die Fähigkeit, Orbs mit bloßem Auge zu sehen oder überhaupt intuitive Erfahrungen zu machen, bei uns so selten ist.

Kay erlebte eine direkt-intuitive Begegnung mit wohlmeinenden Wesen von der anderen Seite. Sie sah und spürte, dass diese Wesen bei ihr waren. Solche direkt-intuitiven Erlebnisse sind selten. Normalerweise sehen oder spüren wir die Gegenwart von Wesen aus der unsichtbaren Welt nicht.

Das Foto von Gundi zu Beginn dieses Kapitels erinnert uns an diese Tatsache. Tatsächlich sind die Geistwesen überall um uns, doch normalerweise sind wir uns dessen nicht bewusst.

12 Spirituelle Heilung

Im Leben geht es eigentlich um eine spirituelle
Entfaltung, die von persönlicher und bezaubernder
Natur ist – eine Entfaltung, deren Wesen bislang
keine Wissenschaft, keine Philosophie oder Religion
völlig erklären konnte.

– James Redfield

Bei zahlreichen Seminaren und Veranstaltungen zum Thema
»spirituelles Heilen« haben sich auf unseren Fotos Orbs ge-
zeigt. Schon lange fragen wir uns, welche Erklärung es dafür
geben könnte. Es gibt viele verschiedene alternative Heilmethoden, aber die Orbs scheinen da keine Unterschiede zu machen. Kommen sie vielleicht, um uns daran zu erinnern, dass
es nicht auf die spezifischen Methoden ankommt? Möchten
sie uns mitteilen, dass die einzelnen Methoden einfach nur
der Weg des jeweiligen Heilers sind, Kontakt mit der jenseitigen Dimension aufzunehmen? Geht es ihnen darum, uns zu
zeigen, dass die in den alternativen Heilmethoden benutzten
Energien aus ihrer unsichtbaren Dimension stammen? Oder
möchten sie uns einfach an die Einheit aller Dinge erinnern?
Oder sind die Geistwesen anwesend, um uns bei der Heilbehandlung zu helfen?

HEILMETHODEN

Die Netzwerk Chiropraktik (in den USA als Network Spinal Analysis und Network Chiropractic bekannt) wurde vor zwei Jahrzehnten von Donald Epstein entwickelt und besteht – für Chiropraktik ziemlich ungewöhnlich – aus sanften Berührungen, mit denen der Therapeut die feinstofflichen Energiepunkte entlang der Wirbelsäule des Patienten behandelt.

Das wunderbare System, das wir unseren »Körper« nennen, setzt sich aus Milliarden Komponenten (Zellen) zusammen, von denen jede einzelne weiß, was ihre Aufgabe ist und wie sie ihre Funktionen aufrechterhält. In bestimmten Situationen kann das Bewusstsein für den richtigen Zusammenhang, in dem alle unsere Zellen existieren müssen, jedoch beeinträchtigt sein. Dann fühlen wir uns unwohl oder sogar krank.

In der Netzwerk Chiropraktik glaubt man, durch diese sehr subtilen, feinen Manipulationen die gestörte Verbindung zum Gehirn des Patienten wiederherstellen zu können, dem Zentrum des uns angeborenen Gesundheitswissens. Damit wird bewirkt, dass die Zellen sich wieder an Gesundheit und Wohlbefinden erinnern. Und das Gehirn wird veranlasst, den funktionsgestörten Zellgruppen (Muskeln, Organen, Nerven) wieder jenes angeborene Wissen zu übermitteln, das sie benötigen, um optimal zu funktionieren – und so wird eine Heilung herbeigeführt.

Auf Foto 59 sehen wir einen Chiropraktiker, der bei einem spirituellen Retreat vor etwa dreihundert Teilnehmern die Kunst der Netzwerk Chiropraktik demonstriert. Ein Geistwesen aus einer anderen Realität beobachtet das Geschehen.

Auf Foto 60 sehen wir einen bekannten Heiler, der sich auf eine Patientin konzentriert und seine heilende Energie einsetzt. Das von diesem Heiler benutzte Heilungsprinzip besteht darin, den Heiligen Geist anzurufen und ihn zu bitten, seine grenzenlose Energie und Kraft in den Menschen einströmen zu lassen, dem geholfen werden soll. Ein spiritueller Heiler verwendet keine starren Techniken. Manchmal entscheidet er sich, den Patienten zu berühren, und manchmal nicht. Manchmal spricht er laut ein Gebet oder eine heilende Botschaft. Manchmal wählt er unter den Zuschauern eine Person aus, die eine Heilbehandlung erhält. Bei anderen Gelegenheiten fordert er den Initianden auf, vorzutreten und geheilt zu werden. Beachten Sie, dass nahe am Kopf der Patientin ein großer Orb schwebt, der allerdings schwächer und weniger hell ist als der über dem Heiler.

Bei Foto 61 handelt es sich um eine typische Orb-Aufnahme während einem der »sichtbaren Eingriffe« des Heilers João de Deus. Beachten Sie den Orb, der über dem Geschehen schwebt: Infolge des hell erleuchteten Raumes und der weiß gestrichenen Wände ist dieser opake Kreis kaum zu sehen.

Foto 62 ist ein repräsentatives Beispiel für die zahlreichen alternativen Heilpraktiken, die weltweit angewandt werden. Sie beruhen alle darauf, durch Berührung heilende Energie auf den Patienten zu übertragen. Auf diesem Foto sieht man die Teilnehmer eines Quantum Touch Seminars.

Trotz der unterschiedlichen Methoden, die angewandt werden, weisen alle diese Fotos eine Gemeinsamkeit auf, nämlich dass stets Orbs nahe bei den Köpfen der Heiler, Initianden oder Schüler sichtbar sind. Wir glauben nicht, dass das Zufall ist. Stattdessen gehen wir davon aus, dass diese Positionierung der Orbs einen besonderen Grund hat.

GEMEINSAMKEITEN ZWISCHEN DEN VERSCHIEDENEN HEILVERFAHREN

Wenn Ron es tun kann,
dann könnt ihr es auch!

– Ron Roth

Das hat Ron Roth, dieser bemerkenswerte geistige Lehrer und Heiler, bei seinen Heilungsseminaren viele Male gesagt. Er ließ die Teilnehmer den Satz immer wieder nachsprechen – um ihnen klarzumachen, dass die Kunst des spirituellen Heilens nicht, wie oft angenommen wird, nur von wenigen besonders begabten Menschen ausgeübt werden kann, sondern jedem offensteht, der die nötige Entschlossenheit aufbringt.

Vor zehn Jahren absolvierten wir unsere erste Reiki-Ausbildung, und seitdem weckten zahlreiche neue Heilmethoden unser Interesse. Zu denen, die wir intensiv studiert haben, zählen Network Chiropractic oder Network Spinal Analysis (NSA), Reiki und Karuna Reiki, Quantum Touch, Healing Touch, Jin Shin Jyutsu, Pranic Healing, die Yuen-Methode, Matrix Energetics und die Familienaufstellung nach Hellinger. Und diese Liste wird länger und länger.

Die enorme Zunahme an Heilmethoden ist in der Tat bemerkenswert. Wir hoffen, dadurch erkennen immer mehr Menschen, dass es für die Behandlung körperlicher Erkrankungen ganz andere Möglichkeiten gibt, als sich vom Arzt Tabletten verschreiben zu lassen.

Jede Methode besitzt ihre eigenen Schwerpunkte. Die Techniken reichen von der korrekten Platzierung der Finger und/oder Hände auf dem Patienten bis zur korrekten Atemtechnik, der Anwendung von Symbolen, Intonation oder der besonderen Visualisierung von Farben durch den Therapeuten.

Alle diese Behandlungstechniken haben ihre Berechtigung. Die Entdecker und Lehrer dieser Therapieformen betonen in der Regel die Einfachheit ihrer jeweiligen Methode und dass die innere Einstellung des Heilers das entscheidende Element ist. Der Seinszustand der Heilerin oder des Heilers und die Erkenntnis, dass er oder sie lediglich ein Instrument für die göttliche Heilenergie (*Prana*) ist, sind die Schlüssel zur Heilung. Wenn unsere Annahme zutrifft, dass einfache Durchführbarkeit der Methode, geistige Offenheit und Losgelöstsein vom Resultat für spirituelle Heilung wesentlich sind, dann sollten diese Faktoren, trotz der individuellen Unterschiede in der Methodik, allen ganzheitlichen Heilverfahren gemeinsam sein. Dann würden wir alle darin übereinstimmen, dass alle diese Methoden gleichermaßen sinnvoll sind. Jener, der sich zum Intonieren hingezogen fühlt, wird für seine Heilsitzungen das Singen verwenden. Eine Therapeutin, die von der tieferen Bedeutung der Farben fasziniert ist, wird Heilbehandlungen mit Hilfe von Farben durchführen. Und eine Person, die ein intuitives Gespür für feinstoffliche Energien besitzt und diese mit den Händen fühlen kann, wird die Hände auf jenen Stellen am Körper oder der Aura des Patienten platzieren, wo er einen energetischen Mangel spürt.

Am wichtigsten ist aber, dass jeder Therapeut sich bewusst ist, das sie alle dasselbe Feld der heilenden Energie anzapfen. Es befindet sich jenseits unserer physikalischen Realität, es ist *Prana*, Lebensenergie, die auf subtile Weise die dem Patienten angeborene Selbstheilungskraft stimuliert – nicht weil die spezielle Methode des Therapeuten so überlegen wäre, nein, in vielen Fällen sogar *trotz* der drittdimensionalen[1] Betonung einer bestimmten Methode durch den Heilpraktiker.

Leider versteifen sich die Verfechter bestimmter Therapieformen oft auf eine einzige Lehr- und Anwendungsmethode, die im Widerspruch zu den Grundsätzen von Einfachheit und reinen Absichten steht: Sie verlangen von ihren Schülern bestimmte Ausbildungsstufen, was für gewöhnlich Jahre dauert, bis dann endlich ein »Zertifikat« ausgestellt wird. Typischer-

weise wird bei diesen Ausbildungen nicht zwischen »natürlichen« Heilern unterschieden, die mit einem Minimum an
Training rasch die erforderlichen Informationen und Fähigkeiten »downloaden« können, und anderen, die fleißig alle
Zertifikate erwerben (und bezahlen), ohne deshalb die eigentliche Heilkunst wirklich zu meistern. Bei solchen Schulungen
wird verschwiegen, dass nicht irgendein Diplom einen Menschen zum Heiler qualifiziert. Es gibt andere, viel wichtigere
Faktoren. Dazu zählen Bescheidenheit, Liebe und die Bereitschaft, demütig dem Wohl anderer zu dienen.

Besteht die Gefahr, dass das einfache Prinzip der »Liebe«,
das bestimmend für alle alternativen Heilmethoden sein
sollte, durch profane »drittdimensionale« Ansprüche ver-
drängt wird? Vielleicht sollte man, statt unnötige Vorbedin-
gungen für den Erwerb von Zertifikaten aufzustellen, stärker das betonen, was für diesen Dienst an der Menschheit
wirklich gebraucht wird. Sollten wir nicht mehr unsere eigene Wichtigkeit zurückstellen und uns von zu erzielenden
Ergebnissen loslösen? Sollten wir nicht jede Heilmethode
mit innerer Offenheit anwenden und mit der Bereitschaft
an sie herantreten, bescheiden den heilenden Energien zu
dienen, die einem größeren Feld entstammen?

Wir sind uns bewusst, dass die Begründer neuer Heilmethoden hoch bewusste Menschen sind oder waren, die weder
beabsichtigten noch voraussahen, dass die von ihnen unter-
richteten Methoden zu anderen Zwecken ausarten könnten,
als ihren Mitmenschen zu dienen. So geschieht es auch immer
wieder bei der Entstehung und nachfolgenden Weiterentwicklung neuer religiöser Gruppen: Die Religionsstifter verfolgen
über Zweifel erhabene reine Absichten, doch in den nachfolgenden Generationen tauchen dann Probleme auf – Ideale
werden zu starren Vorschriften, etwas, das anfangs einfach nur
als gut funktionierende Methode betrachtet wurde, entwickelt
sich zu einem steifen Regelwerk.

Es entspricht leider dem Trend der Zeit, dass im heutigen System von Kursen und prestigeträchtigen Zertifikaten etwas nur dann als »bedeutend« betrachtet wird, wenn es *nicht* einfach und rasch zu erlernen ist. Es muss vielmehr eine komplizierte intellektuelle Herausforderung beinhalten. Es darf nicht nur einen Ausbildungsgrad geben. Auf keinen Fall darf die Methode an einem einzigen Wochenende erlernbar sein. Es muss verschiedene, aufeinander aufbauende Kurse geben, deren Absolvierung einige Zeit in Anspruch nimmt.

Dieses Streben nach aufwendigen »Mehrstufen-Ausbildungen« führt zu einem unerwünschten Nebeneffekt, den wir bei allen Heilmethoden antrafen, mit denen wir uns beschäftigt haben: Der Erwerb der nötigen Zertifikate ist teuer – und liegt damit für viele potenzielle Anwender außer Reichweite. Wir hoffen und vertrauen darauf, dass das Prinzip der Liebe, das bei allen alternativen Heilmethoden das wichtigste Element ist, alle finanziellen Engpässe überwindet, denen sich hoffungsvolle zukünftige Therapeuten ausgesetzt sehen.

Was also möchten uns die Orbs mitteilen, die in der Nähe von Heilern fotografiert werden? Das Universum muss äußerst amüsiert sein, wenn es uns sieht. Dennoch wissen die Geistwesen, dass wir gern hohe Ansprüche hegen und den Fortschritt lieben, und mit großer Geduld und viel Verständnis inspirieren sie bestimmte Menschen dazu, neue Heilmethoden zu entwickeln, damit uns eine große Bandbreite zur Auswahl steht. Aber übermitteln sie uns nicht auch gleichzeitig, dass die Gemeinsamkeit zwischen all diesen Methoden darin besteht, konzentrierte Aufmerksamkeit und Absicht als Instrument zum höchsten Wohl der Person einzusetzen, die Hilfe sucht? Ist es nicht denkbar, dass die Geistwesen aus der unsichtbaren Dimension uns liebevoll unterstützen und die Vielfalt der Methoden, die wir für nötig erachten, mit großem Sinn für Humor betrachten? Viele große Lehrer dieser Heilmethoden betonen selbst, dass man die jeweiligen Techniken nicht zu ernst nehmen und eine entspannte Losgelöstheit praktizieren solle, statt sich auf bestimmte Resultate zu versteifen! Bestätigt das alles nicht ohnehin, dass jemand anderes die eigentliche Arbeit tut? Vielleicht möchten die Orbs uns einfach daran erinnern, dass nicht wir selbst die Heilung herbeiführen, sondern dass sie eine Gnade ist, die uns aus den höheren Dimensionen geschenkt wird. Sind wir nicht letztlich nur Zuschauer, während hoch entwickelte Geistwesen, vielleicht mit Hilfe ihrer Emanationen, der Orbs, die Heilung vollziehen? Könnte das letztlich die tiefe Bedeutung von aus der geistigen Welt gelenkter Heilung sein?

DIE ROLLE DER ORBS BEI DER GEISTHEILUNG

Foto 63 wurde von einem kanadischen Besucher der Casa de Dom Inácio aufgenommen, während João de Deus einen sichtbaren operativen Eingriff an der Nase einer Patientin vornahm. Der Fotograf notierte dazu die folgende, sehr nachdenkliche Betrachtung:

»Ich bin Ingenieur mit einem analytischen, mathematisch strukturierten Verstand. Dennoch interessiere ich mich für neue Entdeckungen, bin Forscher und Erfinder. Zu meinen Patenten zählt ein elektronisches Bildentwicklungsgerät, das seit zwanzig Jahren auf dem Markt ist. Ich glaube, dass wir alle Teil eines größeren Systems sind.

Ich reiste nach Abadiânia, um mir Klarheit über ein ernstes gesundheitliches Problem zu verschaffen. Ich verfügte über keinerlei vorherige Erfahrung mit Orbs. In der Casa de Dom Inácio zeigte mir ein anderer Besucher Orb-Fotos, die er soeben gemacht hatte. Dies weckte mein Interesse. Ich fragte mich, ob mir ebenfalls solche Aufnahmen gelingen würden.

Doch ich hatte nur eine kleine, alte Kamera dabei und bezweifelte, dass sie sich dafür eignete. Ich wurde Zeuge mehrerer sichtbarer Eingriffe durch das Medium João. Das Energieniveau war enorm. Es wird einem gestattet, das Geschehen aus nächster Nähe zu beobachten. Die ›Operationswerkzeuge‹ werden offenbar nur minimal sterilisiert. Die Eingriffe scheinen für die Patienten völlig schmerzfrei zu sein. Das Fotografieren ist ausdrücklich erlaubt. ›Die Geistwesen sind überall um uns‹, sagen die Leute dort, und ich glaubte ihnen das. Doch als ich diese Wesen dann in Gestalt von Orbs auf meinen eigenen Fotos sah, war das ein zutiefst bewegendes Erlebnis.

Ich besitze ein Patent auf einen Sensor, der ein Bild von einem Golfball machen kann exakt in dem Moment, wenn ihn der Schläger trifft. Jeder Golfprofi redet davon, wie wichtig der Winkel ist, mit dem der Schläger den Ball trifft. Aber wenn ich ihnen das durch ein Foto wirklich zeigen kann, macht das einen großen Unterschied.

Ähnlich ist es auch mit Orb-Fotos. Orbs ›tun‹ etwas, das wir mit anderen Instrumenten nicht sehen können. Wir sehen sie in einem bestimmten Augenblick ihrer Existenz, für einen Moment in einer vierdimensionalen Raumzeit-Position ›erstarrt‹. Dieses Bild wird somit zum Anreiz, die Geheimnisse der Funktionsweise der Orbs zu ergründen.

Als ich dieses spezielle Bild auf meinem Computer sah, erinnerte es mich sofort an meine Experimente, die zu dem Patent führten, das mir 1989 erteilt wurde. Mit einer speziellen Videokamera versuchten wir damals, eine Belichtungszeit von 1/12000 Sekunde zu erreichen. Aber zunächst stießen wir auf enorme Schwierigkeiten, die Einzelbilder elektronisch zu unterscheiden – hatten wir sie wirklich gesehen, oder glaubten wir das nur? Je mehr wir die Erfindung perfektionierten, gelangten wir, zu unserer Freude, von der Ungewissheit zu einem klaren Bild, und von dort zu klarem Wissen.

Ich glaube, das ist es, was Orb-Fotos wie dieses uns vermitteln können: Sie liefern uns den Beweis, dass Geistwesen existieren, und davon ausgehend werden wir mit der Zeit herausfinden, was es mit alledem auf sich hat.«

Es ist in der Tat sehr interessant, darüber zu spekulieren, welche Informationen wir erhalten können, wenn wir in der Lage sind, eine sich mit hoher Geschwindigkeit verändernde Situation in einem bestimmten Augenblick in Raum und Zeit »einzufrieren«. Wir wissen, dass unsere Augen nicht in der Lage sind, einzelne Bewegungsschritte wahrzunehmen, wenn die Intervalle zwischen ihnen kürzer als 1/25 Sekunde sind. Würde in unserer Umgebung etwas geschehen, was nur 1/1000 Sekunde dauert, könnten wir es nicht sehen und auch nicht *bewusst* davon wissen. Wenn wir aber eine Blitzlichtaufnahme davon machen – ein elektronischer Blitz dauert ungefähr 1/1000 Sekunde –, würde es auf dem Foto deutlich sichtbar sein (vorausgesetzt, der Blitz und das Ereignis sind perfekt synchronisiert). Dann könnten wir dieses Ereignis analysieren und auswerten. Und genau das geschieht bei Orb-Fotos. Orbs bewegen sich zu schnell für unsere trägen Augen. Ihr zahlreiches Erscheinen auf Blitzlichtfotos belegt, dass sie nahezu allgegenwärtig sind, sich schnell bewegen, schnell ihre Größe ändern und wahrscheinlich weit mehr als lediglich interessierte »Beobachter« bestimmter Situationen sind: Vielleicht betätigen sie sich bei geistigen Heilbehandlungen als aktive Helfer.

Nachfolgend möchten wir Ihnen unsere gegenwärtigen Annahmen darüber präsentieren, wie Orbs vermutlich an geistigen Heilbehandlungen beteiligt sein könnten.[2] Wir berücksichtigen dabei die wesentlichen Eigenschaften der Orbs[3], wie wir sie durch unsere jahrelangen Forschungen belegt haben: extrem hohe Geschwindigkeit, die Fähigkeit, sich extrem schnell auszudehnen und zusammenzuziehen, und ein hohes Maß an

Intelligenz und Bewusstheit. Auf dieser Grundlage formulieren wir eine Hypothese[4] für einen geistig gelenkten Mechanismus der Heilung, der aus drei Komponenten besteht:

✿ Mit Hilfe einer Emanation in die physikalische Realität (dem Orb) sind Geistwesen in der Lage, aktiv in den Körper eines Menschen einzugreifen, indem der Orb sich zu einer winzigen Sphäre von hoher Energiedichte kontrahiert und sich anschließend zu einer großen Sphäre von geringer Energiedichte ausdehnt. Durch eine Serie dieser Kontraktionen und Ausdehnungen können gezielt Mangelzustände im Körper ausgeglichen werden, etwa durch Aufspaltung oder Wiederherstellung chemischer Verbindungen. Wenn der Orb sich im kontrahierten Zustand hoher Energiedichte befindet, könnte das Geistwesen mit Hilfe des Orbs sogar ganze Zellen oder Zellgruppen verdampfen.

✿ Geistwesen verfügen über die Intelligenz und das Wissen – oder können dieses Wissen augenblicklich erlangen –, um mit der geschilderten Fähigkeit körperliche Erkrankungen zu heilen. Eine solche Heilung wäre dann das Resultat einer langen Kette energetischer Interventionen. Da aber die Geschwindigkeit, mit der diese Interventionen vorgenommen werden, dem Wesen nach unbegrenzt ist, erscheint es uns denkbar, dass auf zellulärer, molekularer oder atomarer Ebene in Sekundenschnelle Milliarden solcher »heilenden« Einzelereignisse erfolgen können.

✿ Demzufolge wäre schon ein einziges Geistwesen in der Lage, innerhalb einer sehr kurzen physikalischen Zeitperiode viele Heilbehandlungen an einer großen Zahl von Personen auszuführen.

Geistwesen könnten also physische Störungen in Organen oder Körpergeweben korrigieren, indem sie Orbs einsetzen, um eine superschnelle Kette von Expansions-Kontraktions-Ereignissen hervorzubringen. Denkbar ist, dass sie hierfür chemische Verbindungen aufspalten oder sogar Moleküle oder ganze Zellen verdampfen, je nachdem was gerade für die Heilbehandlung notwendig ist, in superschneller Abfolge der einzelnen Ereignisse und mit dem Wesen nach unbegrenzter Genauigkeit.

Diese Erklärung ist stark vereinfacht. Aber vielleicht macht gerade diese Einfachheit sie unwiderstehlich. Sie zeigt uns, dass Geistheilung möglich und plausibel ist, auch wenn wir Menschen bislang noch sehr wenig über die spirituelle, geistige Wirklichkeit wissen. Und bei Orb-Fotos wie den in diesem Buch diskutierten könnte es sich um Botschaften handeln – ausgesandt von wohlmeinenden Wesen aus der anderen Dimension, die uns mitteilen möchten, dass Geistheilung real und durchführbar ist.

Stellen wir uns einen Menschen vor, bei dem ein bösartiger Tumor diagnostiziert wurde. Gemäß dem ersten Teil unseres hypothetischen Heilungsszenarios wäre ein Geistwesen in der Lage, sein Energiefeld auf die winzige Größe einer Zelle des menschlichen Körpergewebes zu kontrahieren und diese hoch verdichtete Energie dann genau an den Ort im Körper zu projizieren, wo sie benötigt wird. Das könnte eine Krebszelle sein oder eine größere Gruppe solcher Zellen, die unschädlich gemacht werden müssen. Das Geistwesen könnte genau das tun, was »konventionell« durch Bestrahlung oder Chemotherapie erfolgt, jedoch besitzt die Geistheilung den Vorteil der Präzision auf molekularer Ebene.

Je nachdem, wie viel Energie auf die Zelle oder ein bestimmtes Molekül in ihr fokussiert wird, könnte eine aktive chemische Verbindung zerstört werden, die Ursache für das pathologische Verhalten der Zelle ist. Oder es wird eine

Verbindung wiederhergestellt, die aufgespalten war und dadurch gestörtes Zellverhalten verursachte. Auch genetische Defekte könnten so repariert werden, oder das Geistwesen könnte alles tun, was sonst noch notwendig ist, um Zellen oder DNA zu heilen oder das ganze pathologische Gewebe zu »verdampfen« oder zu isolieren, so dass es keinen Schaden mehr anrichten kann.

Gemäß dem zweiten Teil der Hypothese wäre das Geistwesen in der Lage, augenblicklich zu ermitteln, was genau dem Patienten fehlt. Es würde wissen, welche Zellen sich auf welche Weise pathologisch verhalten und wie dieses Problem gelöst werden kann. Das Geistwesen könnte die notwendigen Maßnahmen in extrem schneller Abfolge ausführen, Zelle für Zelle, ganz gleich, wie groß die Zahl der durchzuführenden Einzelaktionen wäre. Analyse, Kontraktion dorthin, wo eingegriffen werden muss, Expansion ... Analyse, Kontraktion, Expansion ... ein Zyklus nach dem anderen, wenn nötig Milliarden Mal, alles in Sekundenbruchteilen. Der Krebs hat auf die Lymphknoten übergegriffen? Kein Problem; das Geistwesen würde das sofort erkennen und sich auch um diese Zellen kümmern.

Da es nicht den physikalischen Geschwindigkeitsgrenzen unterworfen ist, würde die Größe des Tumors keine wesentliche Rolle spielen. Wenn ein Patient behandelt ist, könnte sich das Geistwesen von einem Augenblick zum anderen dem nächsten Patienten widmen, dann dem nächsten und immer so weiter.

»Begrenzt« würde die Heilwirkung nur durch den Wunsch oder die Bereitschaft des Patienten, die Heilung geschehen zu lassen. Da die Denkprozesse des Patienten in der gleichen Dimension ablaufen, in der die Geistwesen operieren, kann es zu einem Konflikt kommen, wenn der Patient bewusst oder unbewusst an der Fähigkeit der Geistwesen zweifelt, solche Heilungen zu vollbringen. Das könnte erklären, warum Geistheilungen oft nicht zu einer dauerhaften Beseitigung der Gesundheitsbeschwerden führen.

Die Tatbestände für das Vorhandensein der Orbs deuten darauf hin, dass dies ein möglicher Wirkungsmechanismus für geistige Heilungen sein könnte. Dieses Szenario könnte beispielsweise erklären, was in der Casa de Dom Inácio im brasilianischen Abadiânia, dem Wirkungszentrum von João de Deus, geschieht. Schauen wir uns zunächst die unsichtbaren Eingriffe an, die hier vorgenommen werden. Sie werden simultan an Gruppen von bis zu hundert Personen vorgenommen. Nach einer kurzen Einführung und einem Gebet erfolgen die Eingriffe, während die Patienten sitzen, normalerweise mit geschlossenen Augen und in meditativer Erwartung. Manche Personen spüren, dass etwas mit ihrem Körper geschieht, andere empfinden wenig oder gar nichts. Niemand weiß, wo genau im Körper der »chirurgische Eingriff« erfolgt. Nach ein paar Minuten wird das Ende der Sitzung verkündet. Die Teilnehmer werden nach draußen in einen »Ruhebereich« geschickt. Hier erinnert man sie daran, dass sie soeben »operiert« wurden, ganz gleich, ob sie etwas gespürt haben oder nicht, und dass sie nun etwas Ruhe brauchen. Die meisten werden, auch wenn sie während des Eingriffs nichts gespürt haben, schon bald merken, dass tatsächlich etwas in ihrem Körper geschehen ist, und sich dann nur zu gern die verordnete Ruhepause gönnen.

Die Abfolge der Behandlungsschritte dort stimmt mit unserer Hypothese überein. Die Vorauswahl erfüllt die Voraussetzung, dass der Patient den Prozess selbst in Gang setzen muss, damit sich ein Erfolg einstellen kann. Die Gruppensituation und die kurze Zeit, in der die Eingriffe durchgeführt werden, sind plausibel, weil in der geistigen Wirklichkeit mit sehr hoher Geschwindigkeit agiert werden kann. Dass viele Patienten den chirurgischen Eingriff gar nicht bemerken, ist nachvollziehbar, weil dafür keinerlei Schnitte nötig sind. Wenn überhaupt, ist nur eine minimale Anzahl von Nervenzellen betroffen. Bei einem solchen Eingriff wird nicht in unnötigem Ausmaß gesundes Gewebe geschädigt. Er beschränkt sich völlig auf die pathologischen Zellen, Organe oder Gewebe.

Dass die Patienten sich anschließend ausruhen müssen, ist nachvollziehbar – immerhin hat ein Eingriff in den physischen Körper stattgefunden. Daher ist hinterher mit einem Gefühl der Schwäche und auch mit Schmerzen zu rechnen. Es heißt, dass es sich bei den Geistwesen, die viele der Operationen in der Casa durchführen, um verstorbene Personen handelt, die während ihres physischen Lebens medizinische Berufe ausgeübt haben. Die Tatsache, dass viele spirituelle Wesenheiten nicht über einen solchen Hintergrund verfügen und dennoch genauso wirkungsvolle Heilbehandlungen vornehmen, belegt, dass jedes hoch entwickelte Geistwesen das für diese spirituell-chirurgischen Eingriffe nötige Wissen erwerben kann. Möglicherweise trifft es aber zu, dass die Geistwesen in der spirituellen Dimension, ganz ähnlich wie wir in unserer physikalischen Welt, das tun, was ihnen Freude macht und ihren Neigungen entspricht. Das könnte erklären, warum jene, die während ihres menschlichen Daseins medizinische »Karrieren« absolvierten, eher geneigt sind, ihre Talente für Heilbehandlungen zur Verfügung zu stellen als die, die sich während ihres Erdendaseins anderen Aufgaben widmeten.

Betrachten wir nun die *sichtbaren* chirurgischen Eingriffe, wie sie in der Casa de Dom Inácio oder von anderen bekannten Geistheilern vorgenommen werden, und untersuchen wir, ob sie unsere Hypothese über geistige oder unsichtbare Heilung stützen. Es zeigt sich, dass sich diese sichtbaren Eingriffe gar nicht so sehr von den unsichtbaren unterscheiden, wie man im ersten Moment vermuten könnte. Der »Energiestoß«, den viele Menschen verspüren, wenn sie von Heilern wie Ron Roth oder Richard Bartlett berührt werden, könnte sehr wohl ein heilender Eingriff eines Geistwesens sein, der entsprechend unserer Hypothese durchgeführt wird. Was die Menschen in einer solchen Situation erleben – Gleichgewichtsstörungen, weiche Knie, eine gewisse körperliche Schwäche, die Stunden oder sogar Tage anhalten kann, und die Wunderheilungen, von denen hinterher oft berichtet wird – passen genau in das hier beschriebene Muster.

Das Phänomen sichtbarer chirurgischer Eingriffe in der Casa de Dom Inácio und an verschiedenen anderen Orten, hauptsächlich in Brasilien und auf den Philippinen, ist sehr interessant. Zum Beispiel beharren die Mitarbeiter und Patienten der Casa darauf, dass unsichtbare und sichtbare Operationen gleichermaßen wirkungsvoll sind. Sichtbare Operationen führt man dort in erster Linie durch, weil dies dem Wohl der Zuschauer und teilweise auch der Patienten selbst dient.[5] Sie lassen sich einfach leichter von der Heilkraft der Geistwesen überzeugen, wenn sie eine tatsächliche Operation sehen, die ohne Anästhesie ausgeführt wird und kaum Schmerzen verursacht, während ein derartiger Eingriff normalerweise erhebliche Beschwerden nach sich zöge. Hier aber fließt kaum Blut, und es bleiben kaum Narben zurück.

Mit unserem hypothetischen Szenario lässt sich das sehr gut erklären, wenn man eine solche Operation als zweistufigen Prozess betrachtet: erstens die tatsächlich sichtbare Prozedur (ein Schnitt, das Schaben am Auge mit einem einfachen Messer oder das Einführen eines langen Metallwerkzeugs in die Nase) und zweitens die tatsächliche »Arbeit« am pathologischen Gewebe.

Bei dem ersten Schritt handelt es sich, gemäß unserer Hypothese, um eine enorme Anstrengung seitens der Geistwesen, die dazu dient, in den Patienten und Zuschauern Zweifel an den heilerischen Kräften auszuräumen. Schnitte, ohne dass Wunden zurückbleiben oder viel Blut fließt, Schmerzfreiheit, so dass keine Anästhesie nötig ist – all das würde im Einklang mit unserer Hypothese manifestiert: durch eine fast endlose Kette von Eingriffen auf molekularer Ebene mit Hilfe der von den Geistwesen manifestierten Orbs, die sich superschnell kontrahieren und ausdehnen. Damit gelingt es den Geistwesen, die ansonsten überaus schmerzhaften Wirkungen der groben Schnitte auszuschalten, die der Heiler während des »sichtbaren« Teils der Operation vornimmt.

Der zweite Schritt wäre dann die tatsächliche Heilbehandlung, wie wir sie bereits weiter oben bei den unsichtbaren Operationen beschrieben haben. Dieser zweite Schritt steht in keinem kausalen Zusammenhang zum ersten Schritt. Der erste Schritt dient lediglich dazu, die menschliche Schaulust zu befriedigen. Der zweite Schritt ist dann der wirkliche superschnelle energetische Eingriff durch die Geistwesen.

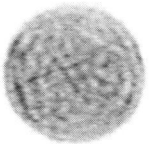

13 Das O'Jack-Phänomen

Die Gläubigen benötigen keine Worte.
Den Ungläubigen ist kein Wort genug.

– Ignatius von Loyola

Wir beschließen dieses Buch mit einem Kapitel über ein Phänomen, das vieles mit den Orbs gemeinsam hat, aber in anderen Aspekten sogar noch verblüffender und aufschlussreicher ist. Und es liefert uns weitere Erkenntnisse darüber, was bei der Orb-Fotografie eigentlich geschieht.

Dem Vorwort Dr. William Tillers für das Buch *Das Orb Projekt* waren zwei Fotos beigefügt. Sie waren so ungewöhnlich, dass Klaus nach dem ersten Ansehen zögerte, sie in das Buch zu übernehmen. Es handelt sich um Fotos, die aufgenommen wurden, ohne die Schutzkappe von dem Kameraobjektiv zu entfernen.

Kurz nach Veröffentlichung des Buches wurde Klaus von Dr. Stanislav O'Jack angerufen, der sich ihm als der Fotograf dieser Bilder vorstellte. Ihr erstes Gespräch dauerte über eine Stunde, und beide entdeckten eine Seelenverwandtschaft, die schon viel, viel früher begonnen haben musste – allerdings konnten sie deren Ursprung nicht festmachen. Es folgten zahlreiche weitere Telefonate. Dann trafen sie sich, gemeinsam mit ihren Ehefrauen, zu einem Wochenende am Meer. Orbs, alternative Heilmethoden und natürlich anomale fotografische Phänomene waren dabei die Gesprächsthemen. Stanislav bat Klaus, einen Film zu kaufen und ihn in Stanislavs leicht antiquierte Schnappschusskamera einzulegen. Nachdem Klaus die Kamera sorgfältig untersucht und als völlig normal befunden hatte, steckte er die Schutzkappe wieder vor das Objektiv, und wir vier spazierten los, um an der berühmten Sea Ranch Chapel Aufnahmen zu machen. Dr. O'Jack machte sich Notizen zu jedem aufgenommenen Foto. Er hielt die Szene fest (Ziel), die Position der Schutzkappe (»mit« oder »ohne«), Datum und Zeit und einige weitere Details. Und wir fotografierten ihn, während er seine Aufnahmen machte. Alle vierundzwanzig Aufnahmen auf dem Film machte er mit aufgesetzter Schutzkappe vor dem Objektiv – und ungefähr zwei Drittel dieser Aufnahmen erbrachten voll entwickelte Farbfotos, zum Beispiel Foto 64, das Stanislavs Frau Helen (links) mit Gundi vor der Sea Ranch Chapel zeigt.

Was haben Fotos, die mit der Schutzkappe vor dem Objektiv aufgenommen wurden, mit Orbs zu tun? Warum berichten wir in diesem Buch über ein solches Experiment? Wie Sie sehen werden, hat die Antwort etwas mit dem Fokus und der Absicht des Fotografen zu tun. Aber lassen Sie uns die Geschichte in der richtigen Reihenfolge erzählen.

Wenden wir uns zunächst der offensichtlichen Frage zu: »Wo ist der Trick?« Die Antwort ist einfach und doch für viele Leser – und wir können ihnen deshalb keinen Vorwurf machen – absolut inakzeptabel: Es gibt keinen. Es gibt keinen Trick, kein Täuschungsmanöver. Wir haben die Kamera persönlich in Augenschein genommen und sorgfältig untersucht, aber nichts Ungewöhnliches gefunden – und, was noch wichtiger ist, Dr. O'Jacks Integrität und Ehrlichkeit sind über jeden Zweifel erhaben. Es ist einfach undenkbar, dass diese Fotos nicht echt sein könnten. In Anhang C präsentieren wir eine genauere Analyse der Fotos von Dr. O'Jack und einen vorläufigen Erklärungsversuch. Offensichtlich können diese Fotos nicht mit herkömmlichem natürlichen Licht entstanden sein. Solches Licht vermag die Schutzkappe nicht zu durchdringen. Wäre aber eine andere Art von Licht präsent, welches das gleiche Wellenlängen-Spektrum natürlichen Lichts aufwiese, aber nur etwa $1/10$ seiner Frequenz, dann könnte eine solche Form von Licht oder Strahlung tatsächlich die Schutzkappe durchdringen und genau wie natürliches Licht von der Kameralinse gebeugt werden, um so Dr. O'Jacks phänomenale Fotos hervorzubringen.

Die Vermutung, der Effekt könnte durch niedrigere Strahlungsfrequenzen hervorgerufen werden, steht im Widerspruch zu der unter spirituell interessierten Menschen verbreiteten Deutung des Phänomens. Sie glauben üblicherweise, das Spirituelle, also das »Höhere« und »Bessere«, müsse höhere, nicht niedrigere Frequenzen oder »Schwingungen« aufweisen. Die O'Jack-Fotos zeigen, dass es manchmal angemessener sein kann, von »anderen« statt von »höheren« Frequenzen zu sprechen. (Siehe auch Anmerkung 1 zu diesem Kapitel, in der wir vorschlagen, statt von »höheren Schwingungen« von »höheren Amplituden« zu sprechen.)

Die wohl wichtigste Schlussfolgerung aus dem O'Jack-Phänomen besteht darin, dass es untrennbar mit der Person des Fotografen verwoben (»entangled«) ist. Wir selbst waren nicht in der Lage, Dr. O'Jacks Resultate zu reproduzieren, auch kennen wir nicht viele andere Menschen, die ähnliche Fotos erzeugt haben.[2] Dr. O'Jack selbst ist nicht in der Lage, das Phänomen *jederzeit* zuverlässig zu demonstrieren. Nicht wenige seiner mit aufgesetzter Schutzkappe gemachten Fotos zeigen nur das, was ja normalerweise auch zu erwarten wäre: Schwarz.

Was ist also anders an Dr. O'Jack? Zunächst einmal ist er viel zu bescheiden, um für sich irgendwelche aus der Masse herausragenden Fähigkeiten zu beanspruchen. Wir wissen aber, dass er seit Jahrzehnten mit großer Disziplin tägliche Meditation praktiziert. Könnte seine daraus resultierende spirituelle Reife der entscheidende Unterschied sein? Dieser Erklärungsansatz erscheint durchaus plausibel, wenn man Dr. William Tillers berühmten psychoenergetischen Experimente mit Geräten in Betracht zieht, denen Absichten »aufgeprägt« wurden. Zweifellos ist eine lang anhaltende meditative Konzentration auf den Gegenstand des Experiments, verbunden mit einer spezifischen Absicht, etwa dem Erhöhen oder Absenken des pH-Werts von Wasser, eine geeignete – in diesem Fall sogar notwendige – Voraussetzung, um den beabsichtigten Effekt zu erzielen.[3]

Sicherlich ist bezüglich Dr. O'Jacks Fotos mit aufgesetzter Schutzkappe und Professor Tillers Experimenten mit zielgerichteter Absicht das letzte Wort noch nicht gesprochen. Aber sie demonstrieren – und zwar ohne jeden Zweifel –, dass die Kraft der zielgerichteten Aufmerksamkeit sehr real ist und sich in Effekten manifestieren kann, die mit herkömmlichen wissenschaftlichen Methoden nachgewiesen werden können: im Fall von Dr. O'Jack mit einer ganz normalen Emulsionsfilm-Fotokamera, und im Fall von Professor Tiller mit üblichen elektronischen Messgeräten.

Die größte unbeantwortete Frage lautet demnach, wie sich die Absicht des Fotografen dergestalt manifestieren kann, dass genug Energie freigesetzt wird, um Reflexionen aller Objekte und somit eine entsprechende »Belichtung« des Films zu erzeugen. Wird vielleicht der Kamerablitz genutzt, und das Bewusstsein des Fotografen ist nicht die eigentliche Energiequelle, sondern lediglich eine Art Katalysator?

Wenn das der Fall ist, könnte man das Phänomen in energetischer Hinsicht leichter erklären. Doch es bliebe immer noch die fundamentale Frage, wie feinstoffliche Energie, die vom Bewusstsein eines Menschen ausstrahlt, es bewirken kann, dass ein erheblicher Anteil der Photonenenergie eines Kamerablitzes in eine physikalisch unbekannte Energieform umgewandelt werden kann, die weniger energiereich ist als natürliches Licht, aber ein ähnliches Wellenlängen-Spektrum aufweist.

Das, was wir über die Orb-Fotografie wissen, weist offenbar in die gleiche Richtung. Beispielsweise haben uns zahlreiche Orb-Fotografen übereinstimmend berichtet, dass ihre »Ausbeute« an Orbs viel höher ist, wenn sie daran glauben und sich auf den Wunsch konzentrieren, dass Orbs auf ihren Fotos erscheinen werden – auch wenn es sich nicht in jedem Fall vorhersagen lässt. Wir selbst haben ebenfalls festgestellt, dass die Zahl der Orbs auf unseren Fotos um einen Faktor von etwa 100 zunahm, und andere Orb-Fotografen geben ähnliche Zuwächse an. Und Skeptiker, die nicht auf diese Energien eingestimmt sind, sehen tatsächlich weniger oder gar keine Orbs.

Das könnte bedeuten, dass es eine Interaktion zwischen dem bewussten Geistwesen, dessen Emanation der Orb ist, und der feinstofflichen Gedanken- oder Absichtsenergie gibt, die von dem Orb-Fotografen ausgeht. Das Geistwesen würde demnach die auf den Orb treffende Energie des Kamerablitzes nutzen und diese Energie in einen zielgerichteten, gebündelten Strahl umwandeln, dessen Wellenlängen sich im sichtbaren Lichtspektrum befinden, aber auf einer niedrigeren Frequenz als gewöhnliches Licht. Die niedrige Frequenz ermöglicht es, dass die Strahlung des Orbs die Kamera bei weit geöffneter Blende erreicht, ohne Behinderung durch die Blende, die in den meisten Fällen aus Kunststoff gefertigt ist. Das verwendete Kunststoffmaterial ist für normales sichtbares Licht undurchlässig, während Strahlung einer niedrigeren Frequenz es durchdringen kann.

Wenn man die energetischen Aspekte berücksichtigt, zeigt es sich, dass die Orb-Fotografie wesentlich »einfacher« ist als die Fotografie mit aufgesetzter Schutzkappe. Wie wir an anderer Stelle in diesem Buch bereits erwähnt haben, genügen ein paar hundert zielgerichtete Photonen, um das Bild eines Orbs zu erzeugen. Das ist gewiss um mehrere Zehnerpotenzen weniger Lichtenergie als jene, die aufgewendet werden muss, um ein vollständiges Foto zu erzeugen, während die lichtundurchlässige Schutzkappe auf dem Objektiv sitzt. Darüber hinaus könnte das Bewusstsein des Geistwesens (von dem der »Orb« eine Emanation ist) möglicherweise eine Rolle bei der Auslösung der Energieumwandlung spielen. Der Fotograf würde dann »nur« als »Kommunikator« zu dem Geistwesen fungieren. Er würde den Orb dazu motivieren, die Katalyse der Blitzlichtenergie zu einer Strahlung niedrigerer Frequenz vorzunehmen, die dann von dem Geistwesen in die Kamera des Fotografen gelenkt wird.

14
Eine
erweiterte
Perspektive

Die längste Reise ist
die Reise nach innen.

– Dag Hammarskjöld

Unsere persönliche Interpretation ist es, dass das Orb-Phänomen ebenso wie viele andere übernatürliche Phänomene, deren Zeuge die Menschheit im Laufe der Zeit geworden ist, aus der unsichtbaren Realität zu uns gesandt wird, um als Wegweiser zu dienen. Die Orbs weisen uns den Weg zur Lösung von Problemen, ermutigen und verhelfen uns zu »Aha-Erlebnissen«.

Dabei handelt es sich nicht um eine exakte Wissenschaft nach konventionellen Maßstäben. Alles, was mit dem Bewusstsein zu tun hat, kann keine exakte Wissenschaft sein. Es gibt keine Garantie für eine Reproduzierbarkeit. Was für einen Menschen gilt, gilt nicht notwendigerweise auch für einen anderen.

Die Orbs sind Boten der Welt des Bewusstseins, und in dieser Welt gelten andere Gesetze als in der physikalischen Realität. Diese Gesetze sind nicht absoluter, sondern relativer Natur. Die Begrenzungen von Raum und Zeit, wie wir sie kennen, existieren in jener Welt nicht. Zwar laufen Vorgänge offenbar in geordneter Reihenfolge ab, aber dies geschieht sehr viel schneller als in der physikalischen Dimension. Klaus wuchs mit der Idee auf, dass nur das existiert, was man sehen, hören, riechen, berühren, spüren und, ja, berechnen und mit dem Verstand analysieren kann. Von Kindheit an wurde ihm beigebracht, dass das Leben »reale« Aspekte hat und dass es Märchen gibt – und dass nur die »realen« Erfahrungen zählen. Auch wurde ihm gesagt, er solle an das Leben nach dem Tod glauben. Doch wenn er nachfragte, wie denn dieses Leben nach dem Tod beschaffen sei, hielt man ihm vor, es sei unverschämt, solche »unpassenden« Fragen zu stellen. Man sagte ihm: »An diese spirituellen Dinge musst du *glauben*. Du darfst sie aber nicht mit der ›Realität‹ verwechseln, denn in der realen Welt gibt es schließlich keine Engel, und das Leben endet mit dem Tod, wie jeder gebildete Mensch weiß.«

Was hat man Ihnen in Ihren prägenden Lebensjahren beigebracht? Ist Ihnen vielleicht einmal der Geist eines geliebten Verstorbenen erschienen, oder haben Sie in der Nähe Ihrer Mutter ein Gesicht gesehen, das sie nicht sehen konnte, worauf sie zu Ihnen sagte: »Ich liebe dich, aber da ist niemand. Das bildest du dir nur ein.« Oder haben Sie einmal eine Stimme gehört, die Ihr Vater nicht hörte, worauf er Sie einen Träumer nannte? Tauchte die Antwort auf eine Mathematikaufgabe wie durch Zauberei in Ihrem Bewusstsein auf, was zur Folge hatte, dass der Lehrer mit Ihnen zum Direktor ging, weil er überzeugt war, Sie hätten abgeschrieben?

Es ist hilfreich, uns solche frühen Erfahrungen ins Gedächtnis zu rufen und uns bewusst zu machen, was wir über die Realität gelernt haben. Alle, die mit Erlebnissen wie den oben geschilderten aufwachsen, lernen schnell, keine Fragen nach solchen »seltsamen« Dingen mehr zu stellen. Wir alle möchten als normal gelten, und ein normaler Mensch glaubt eben nicht an Dinge, die bloß in der Fantasie existieren. Während wir älter werden und das Bildungssystem durchlaufen, wird die Aufspaltung zwischen der »akzeptablen« Sicht der Wirklichkeit und dem »unakzeptablen« intuitiven Teil unseres Wesens immer strikter. Wenn wir eine naturwissenschaftliche oder technische Ausbildung oder ein entsprechendes Studium absolvieren, werden wir in dieser Sicht der Dinge weiter bestärkt. Es gibt einfach nichts, was sich schneller als das Licht bewegen kann, nichts, was leichter und schneller ist als ein Photon, sagt man uns. Und unser Bewusstsein ist angeblich nichts weiter als eine noch nicht völlig verstandene Anhäufung von physikalischer Materie, die physiochemische Reaktionen durchläuft.

Wir hoffen, dass dieses Buch Sie dazu anregen wird, diese Art von Konditionierung zu hinterfragen. Wir hoffen, es setzt sich die Erkenntnis durch, dass es Engel durchaus geben kann, auch wenn wir sie nicht sehen können. Es lässt sich nicht länger leugnen, dass es ein Leben nach dem Tod gibt, auch wenn bislang keine sichtbaren Beweise dafür vorliegen. Und wir können nicht länger sagen, es gäbe keine Intuition, nur weil wir darauf beharren, dass unser Handeln sich, bitteschön, ausschließlich an dem ausrichten soll, was in Zahlen darstellbar und rational ist.

In der Vergangenheit gab es nichts, womit man solche Dinge als echt hätte beweisen können. Doch nun bietet sich uns dank der Orbs ein anderes Bild. Zugegebenermaßen liefern sie uns keine optischen Beweise dafür, dass geflügelte Engelwesen existieren. Die Dinge sind dann doch ein bisschen komplizierter. Auch erzählen sie uns nicht einfach, dass wir nach unserem Tod noch tausend Jahre fortexistieren werden und diejenigen sehen können, die wir in der physikalischen Dimension zurücklassen müssen, aber dass sie nicht in der Lage sein werden, uns zu sehen! Und sie sagen uns auch nicht, dass wir aufhören können, in die Schule zu gehen, und von nun an nur noch danach handeln sollen, was wir jetzt im Moment »fühlen«. Aber sie laden uns dazu ein, unsere Wahrnehmung zu erweitern und uns für eine größere Existenz zu öffnen.

Wir vertreten auch weiterhin die Auffassung, dass die Orbs Emanationen von Geistwesen sind. Das bedeutet zusammengefasst, dass unsere Wirklichkeit nicht bei unserer zurzeit gängigen Vorstellung von Physik endet, also bei der Lichtgeschwindigkeit und der modernen Teilchenphysik. Sie geht weit darüber hinaus, um viele Zehnerpotenzen, in einen Bereich, in dem, wie bei uns, fühlende Wesen existieren – Wesen, die möglicherweise intelligenter sind als jene, die wir in unserer physikalischen Realität antreffen.

Diese andere Realität basiert, wie wir gegenwärtig entdecken, ebenfalls grundsätzlich auf »Energie«, so wie unsere. Verglichen mit der Quantität und dem Charakter der physikalischen Energie, die wir aus unserer Realität kennen, ist die Energie in der jenseitigen Dimension »klein«, kultiviert, »feinstofflich«. Mit dieser Energie in unserer Realität etwas bewegen zu wollen, ist, als wollte man mit bloßer Muskelkraft einen stehen gebliebenen Güterzug anschieben. Es ist nicht völlig unmöglich, aber höchst unwahrscheinlich, es sei denn ...

Nun, was müssten wir tun, wenn wir jemandem demonstrieren möchten, dass wir in der Lage sind, diesen Güterzug wieder ins Rollen zu bringen? Wir müssten klug sein. Für sehr lange Zeit, fast die gesamte Erdgeschichte hindurch, wären wir nicht in der Lage gewesen, etwas Derartiges zu tun, einfach weil unsere Muskelkraft dafür nicht ausreichte. Doch seit einer – gemessen an den Milliarden Jahren, die es die Erde schon gibt – sehr, sehr kurzen Zeit haben wir gelernt, Maschinen zu bauen, die Kraft erzeugen. Wir waren klug, und mit Hilfe dieser Klugheit ersannen wir schließlich eine Möglichkeit, den Zug vorwärtszubewegen.

Und so verhält es sich auch mit der Welt der Geistwesen, wenn sie uns ihre Existenz beweisen möchten. Geistwesen sind klug, vermutlich sehr klug, aber es ist dennoch schwierig für sie, uns zu demonstrieren, dass es sie gibt. Wir sind in unserer Güterzug-Mentalität gefangen (in dem Glauben, unsere Muskelkraft würde nicht ausreichen, um ihn zu bewegen). Und andere Möglichkeiten haben wir nicht in Betracht gezogen ... noch nicht.

Mit der Entdeckung der Orbs hat sich das geändert. Durch die Erfindung der Digitalfotografie haben wir, nicht die Geistwesen, eine simple – oder vielleicht gar nicht so simple, aber doch extrem weit verbreitete und nahezu überall verfügbare – Methode entwickelt, die etwas für uns mit bloßem Augen sichtbar macht, das mit einer winzigen Menge an physikalischer Energie erzeugt werden kann.

In vielen elektronischen Geräten werden ähnlich geringe Energiemengen benutzt, aber diese Geräte funktionieren nur, wenn eine riesige Anzahl solcher mikroenergetischer Schritte in der korrekten Reihenfolge abläuft.

Bei der Digitalfotografie ist das grundlegend anders. Hier braucht es nur einige wenige Photonen – die kleinste überhaupt mögliche Menge an physikalischer Energie –, um etwas zu erzeugen, das Sie und ich in der Hand halten und betrachten können. Wir können die Fotos auf Papier ausdrucken oder sie ins Internet stellen, so dass Tausende sie jederzeit anschauen können. Endlich haben wir die Lokomotive erfunden, die Geistwesen benutzen können, um sich für uns sichtbar zu machen.

Die winzige Energie, die nötig ist, um Orbs auf Fotos zu erzeugen, liegt im Rahmen des für sie Machbaren. Doch offenbar können (oder wollen) sie selbst diese winzige Energiemenge nicht aus den Energiereserven ihrer eigenen Dimension erzeugen, sondern sie nutzen dafür die physikalische Energie, die wir ihnen freundlicherweise zur Verfügung stellen, wenn wir ein Digitalfoto machen, nämlich die Energie des elektronischen Blitzlichts.

Die Digitalfotografie ist etwa zwei Jahrzehnte alt. Und mit ihr wurde ein elektronischer Blitz entwickelt, der physikalisch »reale« Bilder von realen Objekten erzeugen kann, etwa von durch die Luft schwebenden Partikeln, was sich dadurch erklären lässt, dass die von dem Blitz ausgesendeten Photonen an ihnen reflektiert werden. Zwar unterscheidet sich dieser Vorgang erheblich von der »Produktion« echter Orbs, aber das Endprodukt sieht oft sehr ähnlich aus.

Obwohl die große Mehrheit der weltweit fotografierten Orbs echt ist, hält das Skeptiker nicht davon ab, immer wieder ihr zentrales Gegenargument vorzubringen: dass, nur weil Blitzreflexe an in der Luft schwebenden Partikeln ähnlich wie Orbs aussehen, alle diese Bilder Partikelreflexionen sein müssen. Es bringt wenig, wenn man versucht, diese Kritiker vom Gegenteil zu überzeugen. Genauso schwer war es, im sechzehnten Jahrhundert die Kirchenoberen davon zu überzeugen, dass die Erde sich um die Sonne dreht.

Dennoch können wir versuchen, die Glaubwürdigkeit der Orb-Fotografie mit Hilfe von Statistiken zu untermauern, denn an die Aussagekraft von Statistiken glauben die meisten Kritiker. Wir haben demonstriert, dass bei vielen Orb-Fotos die Positionen der Orbs oder ihre sichtbaren inneren Strukturen eine Bedeutung haben müssen. Wir haben zahlreiche Beispiele angeführt, bei denen Position oder Innenstruktur der Orbs sich nicht mit der statistischen Zufallswahrscheinlichkeit erklären lassen. In statistischer Hinsicht zeigt es sich eindeutig, dass Orb-Fotos mehr Bedeutung enthalten als Fotos von Lichtreflexionen an in der Luft schwebenden Partikeln, die, was niemand bestreiten wird, einfach den Gesetzen der statistischen Zufallsverteilung folgen.

In diesem Zusammenhang müssen wir uns außerdem klarmachen, dass das alles ist, was uns die Geistwesen bislang durch die Orb-Fotos mitteilen können. Sie können für uns keine sichtbare Gestalt annehmen, können weder sprechen noch schreiben.[1] Sie können uns keine Botschaften von der Art übermitteln, an die wir gewöhnt sind.

Es ist gut möglich, dass dies als Teil eines enorm weisen göttlichen Plans bewusst so eingerichtet wurde. Denn welche Möglichkeiten, sich zu einer Bewusstsein hervorbringenden Spezies zu entwickeln, hätte die Menschheit noch, wenn wir *ohne den Schatten eines Zweifels* wüssten, was jeweils die richtige Handlung ist? Natürlich würden dann alle stets das Richtige tun, und es gäbe keine echte Grundlage für freie Entscheidungen und somit für eine Weiterentwicklung unseres Bewusstseins. Erwachsen die Möglichkeiten für den Fortschritt unseres Bewusstseins nicht gerade daraus, dass wir *nicht* alles wissen? Ist denn nicht eigentlich der freie Wille des Menschen die genialste »Erfindung« aller Zeiten? Durch die Notwendigkeit, selbst zwischen Gut und Böse unterscheiden zu müssen, wird der Mensch in die Lage versetzt, Bewusstsein zu »produzieren« und so seine Seele zu entwickeln und schließlich zu seinem eigenen Schöpfer zu werden: bewusstes Bewusstsein, das so angelegt ist, dass es sich selbst zu immer höheren Stufen entwickelt![2]

Deshalb müssen wir unseren eigenen Beitrag zur Entschlüsselung der Botschaften leisten, die uns von Geistwesen durch die Orbs übermittelt werden. Das ist kein mechanischer Vorgang. Zuerst einmal müssen wir uns dafür öffnen, dass unsere Orb-Fotos Botschaften enthalten. Dann müssen wir die Kunst perfektionieren, sie zu erkennen. Wir hoffen, dass die Beispiele in diesem Buch Ihnen bei der Weiterentwicklung Ihrer angeborenen Fähigkeit helfen werden, solche Botschaften zu erkennen und zu verstehen.

Boten aus der größeren Realität helfen uns bei unserer Reise in die Ganzheit und kommen in sich ständig wandelnder Gestalt zu uns. Man kann leicht zu dem Schluss gelangen, dass es dort draußen eine mächtige Kraft gibt, die bereit ist, uns bei der Erweiterung unserer Wahrnehmung zu helfen, damit wir zu feinfühligen, liebevollen menschlichen Wesen werden. Ist es nicht vorstellbar, dass wir, wenn wir uns auf die Signale der Geistwesen einstimmen, unser angeborenes kreatives Potenzial entfalten und neue Entdeckungen machen werden, die dem Wohle aller dienen?

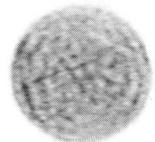

15

Die
Zukunft

Die wahre Natur aller Dinge ist stets das
Höchste, zu dem sie werden können.

– Aristoteles

Auf den vorangegangenen Seiten zeigten wir Ihnen begeistert
einige Beispiele für Orbs und das, was Menschen mit ihnen
erlebt haben. Wir hoffen, das wird Sie dazu inspirieren, eigene Forschungen anzustellen und die Bedeutung dieses
Phänomens zu ergründen.

Im Lauf der Zeiten hat die Menschheit immer wieder Botschaften und hilfreiche Fingerzeige in Gestalt von Symbolen
und Zeichen erhalten.

Dadurch soll uns offensichtlich gesagt werden, dass wir
nicht allein sind, sondern zu einer besseren Lebensqualität
für alle hingeführt werden. Wir wissen jetzt, dass es ein Feld
des Wissens, der Weisheit, Intelligenz und der unbegrenzten
Möglichkeiten gibt, zu dem wir Verbindung aufnehmen können. Sendungen aus diesem Feld, das von manchen »morphi-
sches Feld« genannt wird, treten in verschiedenen Formen
und auf zahlreichen schöpferischen Wegen auf. Geduldig
und mit großem Einfallsreichtum übermitteln Geistwesen

uns diverse Signale, um unsere Aufmerksamkeit zu wecken. Vielleicht ist es an der Zeit, dass wir mit dem Herzen hören und auf spielerische Weise die intuitiven Botschaften testen, die wir aus dieser gewaltigen unsichtbaren Quelle empfangen. So werden wir herausfinden, wie die Hilfe von außen uns im Hier und Jetzt erreicht.

Stimmen Sie sich auf das unendliche Feld der Möglichkeiten ein, und Sie werden Antworten auf Ihre Fragen erhalten! Große Möglichkeiten erwarten uns, wenn wir uns von unserem unschuldigen, neugierigen Forschergeist leiten lassen.

Anhang A

ORB-FOTOGRAFIE IN EINEM REINRAUM

Foto 65 wurde im Januar 2009 von Dr. Andreas Burkart und Dr. Ulrich Volz (Konstanz) unter Reinraumbedingungen gemäß ISO 14644-1 Klasse 7 aufgenommen. Dieses Foto bestätigt, dass der darauf sichtbare Orb keine Reflexion an einem in der Luft schwebenden Partikel sein kann.

Durch diese Reinraumbedingungen wird sichergestellt, dass die Wahrscheinlichkeit für das Vorhandensein eines Staubpartikels von 5 Mikrometer Größe innerhalb der »Orb-Zone« einer Digitalkamera (bei dieser Zone handelt es sich um einen Raum von wenigen Kubikzentimetern vor der Kameralinse) bei etwa 0,05 liegt. Größere Partikel sind nicht zulässig. Ein hypothetisches Staubpartikel, das ein Orb wie das auf Foto 65 erzeugen könnte, müsse jedoch etwa 500 Mikrometer groß sein, also hundertmal größer als die größten Partikel, die unter diesen Reinraumbedingungen vorkommen. Angesichts dieser Zahlen können wir mit Sicherheit sagen, dass der auf diesem Foto sichtbare Orb – wenngleich er einen geringen Kontrast aufweist – keine Reflexion an einem Staubpartikel sein kann.

Die Fotografen schreiben dazu:

»Inspiriert durch die wissenschaftliche Herangehensweise, die in dem Buch *Das Orb Projekt* zum Ausdruck kommt, kamen wir auf die Idee, ein Experiment in einem medizinischen Reinraum durchzuführen, den wir normalerweise für Forschungsprojekte im Bereich der Zahnmedizin benutzen. Wenn Orbs in einem »Reinraum« fotografiert werden können, der frei von Staub und Wasserpartikeln ist, belegt das zweifelsfrei, dass solche Partikel nicht als Erklärung für das Orb-Phänomen in Frage kommen, sondern dass alles auf ein energetisches Phänomen hindeutet. Auf diesem Foto können wir eindeutig – wenn auch mit niedrigem Kontrast – einen Orb in der Nähe anderer anwesender Personen erkennen. Ein Bericht der KLS Martin Group, eines Herstellers medizinischer Produkte, bestätigt die Erfüllung der Reinraum-Kriterien.«

Anhang B

ÜBER DIE ECHTHEIT VON ORBS

Das häufigste Argument gegen die Echtheit der Orbs lautet, dass es sich bei ihnen um Reflexionen an Partikeln handelt, die in der Nähe des Kameraobjektivs durch die Luft schweben. Zwar trifft es zu, dass Reflexionen des Blitzlichts an kleinen Staubteilchen oder Wassertröpfchen, die wenige Zentimeter vor der Kameralinse schweben (in der sogenannten »Orb-Zone«), Orb-ähnliche Objekte auf den Digitalfotos hervorrufen können. Aber diese Erklärung lässt sich angesichts der enormen Menge von Orb-Fotos, die von Tausenden von Menschen überall auf der Welt gemacht werden, nicht aufrechterhalten.

Die bekanntesten Gegenargumente gegen die Theorie der Partikelreflexion (die Orb-Zonen-Theorie) fassen wir hier wie folgt zusammen:

Entfernung: Viele Orb-Fotografen haben Aufnahmen gemacht, in denen ein Orb teilweise von einem Objekt verdeckt wird, das sich in einem Abstand von einem Meter oder mehr von der Kamera befindet. Es kann sich also nicht um ein Schwebepartikel in der Luft handeln, da der Orb sich weit außerhalb der »Orb-Zone« befunden haben muss.

Anzahl: Dr. Míceál Ledwith, Mitautor von *Das Orb Projekt*, hat über 300.000 Orb-Fotos aufgenommen. Wir selbst verfügen über Tausende von elektronisch gespeicherten Fotos, und wir kennen andere Personen, die über ähnliche große Orb-Fotoarchive verfügen. Es ist unvernünftig, kategorisch zu sagen, alle diese Fotos müssten – da es keine »befriedigende« wissenschaftliche Erklärung gibt – künstlich sein.

Bildschärfe: Wenn Objekte sich sehr nahe vor der Kamera befinden, was ja der Fall sein muss, damit die Theorie der »Orb-Zone« funktioniert, müssten sie unscharf und verschwommen erscheinen. Das liegt an der begrenzten Tiefenschärfe des Kameraobjektivs. Wenn sich Objekte nur wenige Zentimeter vor der Kamera befinden, werden sie völlig unscharf abgebildet. Orbs jedoch erscheinen immer mit der gleichen Brillanz und Schärfe, unabhängig davon, wie groß oder gering ihr Abstand zur Kamera ist.

Veränderungen von Bild zu Bild: Werden mehrere Aufnahmen in rascher Folge gemacht, dürfte sich, wenn es sich um Schwebeteilchen in der Luft handeln würde, die Anzahl der Orb-ähnlichen Reflexionen kaum verändern. Da sie langsam umherschweben, verändert sich ihre Position vielleicht etwas, aber die Anzahl müsste ungefähr gleich bleiben. Viele Orb-Fotografen beobachten jedoch, dass auf ein Foto, auf dem zahlreiche Orbs sichtbar sind, Fotos folgen, auf denen gar keine zu sehen sind, und dann wieder eines mit vielen Orbs, und so weiter. Es ist aber unrealistisch, bei Schwebeteilchen davon auszugehen, dass sich eine große Zahl von ihnen vor der Kamera befindet, aber Sekunden später völlig verschwunden ist, nur um dann wieder ebenso plötzlich aus dem Nichts aufzutauchen.

Feste Position: Schwebeteilchen in der Luft sind ständig in Bewegung. Daher ist es unmöglich, dass sich auf zwei Fotos, die im Abstand von mehreren Sekunden aufgenommen wurden, dasselbe Schwebeteilchen an genau der gleichen Position befindet. Wir haben jedoch wiederholt beobachtet, dass derselbe Orb auf mehreren nacheinander aufgenommenen Fotos erschien.

Hohe Geschwindigkeiten: Auf vielen Fotos sind Orbs erkennbar, die sich sehr schnell bewegen. Man hat errechnet, dass sie sich dabei mit über 800 Stundenkilometern und möglicherweise sogar mit noch erheblich höheren Geschwindigkeiten bewegen. Durch die Luft schwebende Partikel bewegen sich nicht so schnell. Es gibt zahlreiche Berichte, unter anderem in *Das Orb Projekt,* über Experimente mit Staubteilchen und Wassertröpfchen. Sie erreichen keine so hohen Geschwindigkeiten, wie sie oft auf authentischen Orb-Fotos nachweisbar sind.

Asymmetrische innere Strukturen: Echte Orbs weisen häufig deutlich erkennbare innere Strukturen auf, zu denen auch leere, lichtlose Stellen gehören. Wenn ein Orb die Reflexion eines winzigen Staubteilchens, Tröpfchens oder Insekts wäre, ließen sich solche dunklen Stellen nur schwer erklären. Manchmal erinnern die inneren Strukturen der Orbs verblüffend an menschliche Gesichter.

Reinraum-Orbs: Reinräume werden in Forschungslaboratorien benutzt, wo es von entscheidender Bedeutung ist, dass die Luft nicht mit Schwebeteilchen verunreinigt ist, die eine bestimmte Größe überschreiten. Damit soll verhindert werden, dass solche Partikel sich auf Forschungsmaterial ablagern, etwa auf einer Halbleiterscheibe. Neuerdings liegen uns Beweise dafür vor, dass Orbs auch unter Reinraumbedingungen gemäß ISO 14644-1 Klasse 7 fotografiert werden können.[1]

Manche Kritiker ziehen Verunreinigungen oder Störungen an der Kamera oder dem darin eingebauten elektronischen Sensor als Erklärung heran. Diese Argumente lassen sich durch jede der folgenden Beobachtungen entkräften:

Aufeinanderfolgende Fotos von unterschiedlichen Motiven: Fehler an der Kamera lassen sich leicht und eindeutig identifizieren. Sie sollten sich bei aufeinanderfolgenden Fotos wiederholen, unabhängig von dem fotografierten Motiv. Seriöse Orb-Fotografen kontrollieren ihre Fotos und Kameras routinemäßig auf solche Mängel. Sie würden einen Orb niemals als echt einstufen, wenn sich ein Kameradefekt nicht ausschließen lässt.

Der Filmtyp ist irrelevant: Zwar benutzt die überwältigende Mehrheit der Orb-Fotografen Digitalkameras, doch auch Fotografen, die Emulsionsfilm-Kameras verwenden, machen häufig gute Orb-Aufnahmen. Der niederländische Berufsfotograf Ed Vos hat zahlreiche Orb-Fotos auf herkömmlichem Film gemacht und diese veröffentlicht (siehe 1. Kapitel, Anmerkung 2).

CCD kontra CMOS: Die große Mehrzahl der Digitalkameras ist mit einem CCD-Sensor ausgerüstet. Es gibt aber noch eine völlig anders funktionierende Fotosensor-Technologie. Sie heißt CMOS und wird in teureren, eher für professionelle Zwecke benutzten Digitalkameras eingesetzt (Einzelheiten hierzu siehe Anmerkung 3 der Einleitung). Bei CMOS-Kameras ist die effektive Sensorfläche im Vergleich zur Aufzeichnungsfläche deutlich kleiner als bei CCD-Kameras. Daher benötigen CMOS-Kameras mehr Lichtstärke, um Orbs aufnehmen zu können. Unsere Experimente mit einer Nikon D5000

CMOS-Kamera bestätigen, dass wir mit dieser Kamera deutlich weniger Orbs aufnehmen können als mit unseren CCD-Kameras und dass die Auflösung der inneren Strukturen der Orbs deutlich schlechter ist. Was die Lichtempfindlichkeit und das Bildaufbauverfahren angeht, lassen sich CMOS-Kameras vermutlich eher mit herkömmlichen Emulsionsfilm-Fotokameras vergleichen als mit CCD-Kameras.

Anhang C

ÜBER DAS O'JACK-PHÄNOMEN

Ausgehend von den ersten Seiten des 13. Kapitels, möchten wir das O'Jack-Phänomen etwas eingehender untersuchen. Schauen wir uns die Fotos genauer an, die Dr. O'Jack an jenem Nachmittag bei der Sea Ranch Chapel in Nordkalifornien aufnahm.

✿ Dr. O'Jacks Bilder sehen aus wie normale Fotos, die unter normalen Bedingungen mit abgenommener Objektiv-Schutzkappe erwartet werden. Es gibt keinerlei Hinweise auf eine Verzerrung der Aufnahmen. Nichts fehlt auf den Bildern. Die Elemente im Vordergrund sind genauso perfekt erfasst wie jene im Hintergrund.

✿ Das Foto ist scharf, und zwar im gesamten Aufnahmebereich. Es gibt keine Unschärfen und Verwaschungen auf den mit aufgesetzter Schutzkappe gemachten Fotos, keine Verzerrungen, kein Verwackeln.

✿ Die Farben auf den mit aufgesetzter Schutzkappe gemachten Fotos sind unverfälscht und einheitlich. Man erkennt keinen Unterschied zu normalen Farbfotos.

(Dass die Farben bei Foto 64 matt wirken, liegt an der schlechten Qualität des Scans, der von dem ursprünglichen Farbabzug erstellt wurde.)

Kurz zusammengefasst lässt sich sagen, dass die mit aufgesetzter Schutzkappe entstandenen Aufnahmen sich in allen offenkundigen fotografischen Details nicht von einem normalen Foto unterscheiden, das in üblicher Weise mit abgenommener Schutzkappe aufgenommen wurde.

An dieser Stelle soll nicht unerwähnt bleiben, dass Dr. O'Jack solche Fotos mit aufgesetzter Schutzkappe vor dem Objektiv seit drei Jahrzehnten an vielen Orten in aller Welt aufgenommen hat. Er hat Kameras verschiedener Hersteller benutzt (Kodak, Canon, Nikon), und gelegentlich macht er auch Digitalfotos mit aufgesetzter Schutzkappe (mit einer Nikon Coolpix mit 10 Megapixeln). Normalerweise ist der automatische Blitz an den Kameras aktiviert, aber gelegentlich hat er auch schon ohne Blitz eine solche Aufnahme erhalten. Er bevorzugt Filme mit niedriger Empfindlichkeit, weil er der Ansicht ist, dass man mit solchen Filmen schönere Bilder erhält (Foto 64 entstand aber mit einem normalen 100-ASA-Film). Die Fotos werden in der Regel mit einer Verschlusszeit von 1/25 aufgenommen und mit weit geöffneter Blende (da die automatische Kamera bei aufgesetzter Schutzkappe notwendigerweise von völliger Dunkelheit hinter dem Objektiv ausgeht).

Der Versuch, ein solches Phänomen mit Hilfe der rationalen technisch/physikalischen Denkweise zu erklären, ist zum Scheitern verurteilt. Wie kompliziert oder einfach unser Erklärungsversuch auch wäre, ein kritischer Leser könnte ihn jederzeit als »Unsinn« abtun. Aber – darauf haben wir weiter vorn im Buch bereits hingewiesen – in diesen Randbereichen der physikalischen Realität, mit denen wir es hier zu tun haben, müssen die Begriffe »Sinn« und »Unsinn« neu definiert werden.

Lassen Sie uns nun, unter Berücksichtigung dieses Vorbehalts, nach einer möglichen Erklärung für diese erstaunlichen Fotos suchen. Dr. O'Jacks über jeden Zweifel erhabene Integrität erleichtert die Betrachtung des Phänomens, da wir die Möglichkeit ausschließen können, dass bei den oben angeführten experimentellen Daten Betrug im Spiel ist. Wir müssen uns gar nicht erst mit Argumenten abgeben wie »Das kann nicht sein« – denn das Phänomen *ist*, es existiert. Wir können uns also sofort den Erklärungsversuchen widmen.

Eine Analyse, die zugegebenermaßen etwas oberflächlich, aber doch von bestechender Einfachheit ist, lässt uns zu folgender Hypothese gelangen:

Wenn es eine elektromagnetische Strahlung gäbe, die das gleiche Wellenlängen-Spektrum wie reguläres sichtbares Licht aufweist, deren Frequenz aber nur etwa $1/10$ so groß ist wie bei sichtbarem Licht (das wäre ein Energieäquivalent von 0,25 Elektronenvolt, bei einer Ausbreitungsgeschwindigkeit in Höhe eines Zehntels der Lichtgeschwindigkeit), könnte das im Prinzip den technischen Aspekt von Dr. O'Jacks mit aufgesetzter Schutzkappe vor dem Objektiv entstandenen Fotos erklären.

Unsere Hypothese beruht auf der Annahme, dass Dr. O'Jacks Fotos – nennen wir sie AO-Fotos (AO für »Abgedecktes Objektiv«) – mit Hilfe des normalen fotografischen Prozesses entstehen, worauf alle Umstände hindeuten. Es wird das gleiche Sichtfeld erfasst wie bei einem normalen Foto. Das Bild ist scharf. Die Farben werden korrekt wiedergegeben – kurz, kein Bilddetail deutet darauf hin, dass die Strahlung, von der das AO-Foto erzeugt wurde, von anderer Natur ist als normale elektromagnetische Strahlung mit einem Wellenlängen-Spektrum wie reguläres sichtbares Licht, das heißt einem Spektralbereich von 0,4 bis 0,8 Mikrometer. Es ist klar, dass reguläres Licht die Objektiv-Schutzkappe nicht durchdringen kann. Man muss also von einem anderen Mechanismus oder einer anderen Art von Strahlung ausgehen.

Der große Sprung im Denken würde dann darin bestehen, die Existenz einer anderen elektromagnetischen Strahlung anzunehmen, die hier ins Spiel kommt. Da das Wellenlängen-Spektrum gleich sein muss, muss es die Frequenz sein, welche sich von regulärem Licht unterscheidet. Bei regulärem Licht ist das Produkt aus Wellenlänge und Frequenz gleich der Lichtgeschwindigkeit. Wenn wir die Wellenlänge konstant halten und die Frequenz variieren, wird die neue Strahlung sich entweder schneller oder langsamer als das Licht bewegen, je nachdem, ob seine Frequenz höher oder niedriger als die des regulären Lichts ist.

Typischerweise würde eine Strahlung, deren Frequenz höher als die des sichtbaren Lichts ist, nicht so leicht Plastikmaterial oder Glas durchdringen können wie dieses. Daher können wir höhere Frequenzen ausschließen.

Andererseits steigt bei abnehmender Strahlungsfrequenz die Durchlässigkeit von Plastikmaterialien und Glas. Wenn wir also eine niedrigere Frequenz annehmen, überwinden wir eines der Hindernisse: Wir können dann erklären, warum die Strahlung, die Dr. O'Jacks AO-Fotos entstehen lässt, durch die aufgesetzte Plastikschutzkappe in das Objektiv eindringt.

Aber es müssen noch andere Faktoren berücksichtigt werden. Die Strahlung, mit der wir es hier zu tun haben, muss energiereich genug sein, um die Silberhalogenid-Moleküle des fotografischen Films zu lösen (dissoziieren). Die Dissoziationsenergie von Silberchlorid (AgCI) beträgt ungefähr $\frac{1}{4}$ Elektronenvolt (eV). Wir müssen also davon ausgehen, dass die Strahlung, die für die Fotos verantwortlich ist, einen höheren Energiegehalt als diesen aufweist. Die Photonenenergie des sichtbaren Lichts beträgt etwa 2,5 eV, also etwas das Zehnfache der Dissoziationsenergie von AgCI. Das begrenzt die Frequenz der Strahlung, die wir zu definieren versuchen, auf etwa 1/10 der Frequenz regulären Lichts. Es zeigt sich, dass Infrarotstrahlung dieser Frequenz in der Tat Plastikmaterial jener Sorte ausreichend durchdringt, wie sie für Objektivschutzkappen verwendet wird.

Damit ist Strahlung des Typs, den wir in unserer Hypothese definiert haben, ein möglicher Kandidat für die AO-Fotografie: Das Wellenlängen-Spektrum entspricht dem sichtbaren Licht, und die Frequenz liegt im nahen Infrarotbereich, etwa um den Faktor 10 niedriger als bei sichtbarem Licht.

Dr. O'Jacks experimentelle Ergebnisse scheinen sich mit diesen Annahmen zu decken, einschließlich seiner Beobachtung, dass sich Filmemulsionen mit niedriger Empfindlichkeit »spürbar besser« eignen als hochempfindliche Emulsionen. In Filmemulsionen mit niedriger Empfindlichkeit müssen pro Bildelement mehr AgCI-Moleküle dissoziiert werden als in hochempfindlichen Emulsionen. Filmemulsionen mit niedriger Empfindlichkeit sind deshalb dicker als hochempfindliche. Da unsere niedrigfrequente Strahlung von amorphem Material, also auch von Fotoemulsionen, weniger leicht absorbiert wird als hochfrequente Strahlung, wäre es in der Tat von Vorteil, die AO-Bilder auf einer dickeren Filmemulsion mit niedriger Empfindlichkeit aufzunehmen.

Mit einer Serie gezielter Experimente ließe sich unsere Hypothese leicht bestätigen oder widerlegen. Falls Dr. O'Jack zu weitergehenden Experimenten mit der AO-Fotografie bereit ist, wäre es interessant zu untersuchen, was geschieht, wenn er die Schutzkappe mit einem Material abdeckt, das für Strahlung in der Nähe des Infrarotbereichs undurchlässig ist, zum Beispiel Aluminiumfolie. Wenn er mit einer solchen Abdeckung vor dem Objektiv immer noch AO-Fotos aufnehmen kann, wäre unsere Hypothese damit widerlegt.

Diese Hypothese ist natürlich sehr pragmatisch und schließt alle esoterischen Erklärungen aus. Die Wunder des Daseins, wie sie sich im Licht der neuesten Fortschreibungen der

Quantentheorie darstellen, eröffnen uns weit »elegantere« Erklärungen für dieses und ähnliche Phänomene, Erklärungen, die es uns ermöglichen, den Rahmen der konventionellen Physik zu verlassen.

Zudem gibt es schwerwiegende Fragen, die bei unserer hypothetischen Erklärung unbeantwortet bleiben. Woher kommt dieses Licht, das sich mit 1/10 der Lichtgeschwindigkeit ausbreitet? Aus Sicht der konventionellen Physik existiert eine solche Strahlung nicht. Es gibt kein bekanntes Licht, das diese Eigenschaften besäße. Es kann einfach nicht sein! Und ebenso wenig kann ein Foto entstehen, wenn die Schutzkappe auf dem Objektiv sitzt. Es kann nicht sein! Es ist physikalisch unmöglich! Und doch ... *existieren* diese Fotos. Wir können beweisen, dass sie existieren. Es ist offensichtlich, dass wir die Grenzen der konventionellen Physik hinter uns lassen und andere Möglichkeiten in Betracht ziehen müssen, um eine Erklärung für unser Phänomen zu finden.

BILDNACHWEISE

Hier nicht aufgeführte Fotos stammen von Klaus Heinemann oder Gundi Heinemann.

Foto 2: Aufgenommen während einer Orbs-Konferenz bei Hude in Deutschland, Juni 2008.

Foto 5: Aufgenommen am 26. März 2008 um 21.03 Uhr beim La Fonda Hotel in Santa Fé, New Mexico.

Foto 6: Mit freundlicher Genehmigung von Renée Pisarz. Die Bildautorin berichtet über ihre Erfahrungen im Zusammenhang mit dem Tod ihres Sohnes in »Angel 54: A Mother's Sacred Journey from Grief to Healing«, erhältlich über www.booklocker.com:80/books/3822.html.

Foto 7: Mit freundlicher Genehmigung von Carola M.

Foto 13: Aufgenommen im Juni 2008 an Bord der *Noordam*, Holland America Line.

Foto 14: Etwa eine Stunde später aufgenommen am selben Ort.

Foto 15: Das Baptisterium in Pisa, aufgenommen im Abstand von zwei Minuten. *Oben*: Aufnahme, während die Reiseführerin die Bedeutung der Marienstatue über dem Eingang erläuterte. *Unten*: Aufnahme, nachdem sie das Thema gewechselt hatte und darüber sprach, dass das Baptisterium ebenfalls schief ist.

Foto 16: Aufgenommen in San Giovanni Rotondo, Italien, 2008.

Foto 17: Aufgenommen aus dem Hotelzimmer in Hindelang, Juni 2008.

Foto 18: Eine Minute später vom gleichen Ort aus aufgenommen, in anderer Richtung in den Abendhimmel, auf Bitte des Skeptikers.

Fotos 19 und 20: Mit freundlicher Genehmigung von Leslie Rhonda, 2009.

Foto 21: Mit freundlicher Genehmigung von Robert Maday, 2008.

Foto 22: Aufgenommen während einer Orbs-Konferenz bei Hude in Deutschland, Juni 2008.

Foto 24: Eine genauere Analyse des Fotos ergab, dass der Orb sich über dem Kopf der Person im Vordergrund befindet. Wegen der fehlenden dreidimensionalen Definition scheint der Orb an dem Globus zu »kleben«.

Foto 27: Mit freundlicher Genehmigung von Linda Horton. Aufgenommen am 22. März 2008. Beachten Sie, dass das Bild in keiner Weise elektronisch nachbearbeitet wurde.

Foto 28: Mit freundlicher Genehmigung von Amanda Bayer. Aufgenommen am 22. März 2008 am Anfang unseres Vortrags.

Foto 29: Mit freundlicher Genehmigung von Sandra Underwood. Aufgenommen am 13. Juli 2008 bei der Prophets Conference on Orbs and Phenomena in Glastonbury, England.

Foto 30: Mit freundlicher Genehmigung von Lorraine, Dezember 2008.

Foto 35: Mit freundlicher Genehmigung von Connie Maday.

Foto 37: Dr. Rupert Sheldrake auf der Zehnten Internationalen Konferenz für Wissenschaft und Bewusstsein am 2. April 2008 in Santa Fé, New Mexico. Bei der Ausschnittsvergrößerung wurde der Kontrast verstärkt, um die Struktur des Orbs über dem Bild der Erde besser sichtbar zu machen.

Foto 38: Aufgenommen auf der Zehnten Internationalen Konferenz für Wissenschaft und Bewusstsein am 2. April 2008 in Santa Fé, New Mexico. Bei der Ausschnittsvergrößerung wurde der Kontrast verstärkt, um die Struktur des Orbs unter der Hand des Musikers besser sichtbar zu machen.

Foto 40: Elfte Internationale Konferenz für Wissenschaft und Bewusstsein, Santa Fé, New Mexico, 30. März 2009.

Foto 42: Aufgenommen am 19. September 2008 in der Grace Cathedral, San Francisco.

Foto 48: Bei der Ausschnittsvergrößerung wurde der Kontrast verstärkt, um die Ornamente besser sichtbar zu machen.

Foto 50: Mit freundlicher Genehmigung von Elke Paul.

Foto 51: Mit freundlicher Genehmigung von Lisa und Amy Bradley.

Foto 52: Mit freundlicher Genehmigung von Susan Strine und Sandra Sanders.

Foto 53: Mit freundlicher Genehmigung von Janice Driver, Sutton, England, Januar 2009.

Foto 54: Aufgenommen im Juni 2008.

Fotos 55, 56 und 57: Mit freundlicher Genehmigung von Freda Chaney, Mount Vernon, Ohio, Februar – November 2009.

Foto 58: Aufgenommen in Abadiânia, Brasilien, 2008.

Foto 62: Das Quantum Touch Seminar wurde von Gundi Heinemann geleitet (Zweite von rechts, obere Reihe). Es fand am 18. September 2007 in Sunnyvale, Kalifornien, statt.

Foto 63: Mit freundlicher Genehmigung von Goran Spasovsky, Kanada, 2009.

Foto 64: Mit freundlicher Genehmigung von Dr. Stanislav O'Jack (2008).

Foto 65: Mit freundlicher Genehmigung von Dr. Andreas Burkart und Dr. Ulrich Volz, Konstanz (2009).

ANMERKUNGEN

Vorwort

1. Die preisgekrönte DVD *Orbs – Der Schleier hebt sich* von Hope und Randy Mead (Laufzeit 64 Minuten) erschien begleitend zu diesem Buch bei AMRA Cinema, Hanau 2011. Auf ihr präsentieren sieben Orbs-Experten, unter ihnen Klaus und Gundi Heinemann sowie JZ Knight, bekannt aus *What The Bleep Do We [K]now!?*, in Interviews ihre Forschungsergebnisse. Als Bonus enthält die DVD noch eine zwanzig Minuten lange Orbs-Diashow mit meditativer Musik.

2. Masaru Emoto: *The Hidden Messages in Water*. Hillsboro, Oregon: Beyond Words Publishing, 2004. Dt.: *Die Botschaft des Wassers*, Burgrain: Koha, 2002 ff. – Lynn McTaggart: *The Field (Updated Edition)*. New York: HarperCollins Publishers, 2008. Dt.: *Das Nullpunkt-Feld*, München: Goldmann, 2007 ff.

Eingangsbemerkung

1. Miceál Ledwith und Klaus Heinemann: *The Orb Project*. New York: Simon & Schuster, 2007. Dt.: *Das Orb Projekt*, München: Goldmann, 2008 ff.

Einleitung

1. Es ist wichtig, dass wir klarstellen, was wir unter physikalisch, nicht-physikalisch, außerirdisch und spirituell verstehen. Im Kontext dieses

Buches ist mit *physikalisch* alles gemeint, was an Zeit und Raum gebunden ist und den Gesetzen der Newton'schen Physik und der gängigen Quantenphysik unterliegt. Innerhalb dieser Definition ist die größtmögliche Geschwindigkeit in der physikalischen Realität die Lichtgeschwindigkeit. Bestimmte Resultate aus der Quantenphysik, die auf höhere Geschwindigkeiten hindeuten, würden somit in den »nichtphysikalischen« Bereich fallen. Diese Definition ist ein Zugeständnis an den »normalen« Leser, der nicht in moderner theoretischer Physik ausgebildet ist, denn nach Auffassung moderner theoretischer Physiker geht die »physikalische Realität« nahtlos in das über, was traditionell als »nichtphysikalische« Dimension betrachtet wurde, *und schließt diese mit ein*. Um es noch einmal zu wiederholen: Lediglich zur Vereinfachung für den Leser unterscheiden wir zwischen der physikalischen und der nichtphysikalischen Realität, während es in Wirklichkeit diesen Unterschied nicht gibt.

Ebenso können wir nun zwischen »nichtphysikalisch« und »außerirdisch« unterscheiden. Es ist vernünftig, anzunehmen, dass die Gesetze der Physik überall im Universum gelten. Demnach würde auch außerirdisches Leben den Gesetzen der Physik unterworfen sein, auch wenn es möglicherweise noch unentdeckten oder undefinierten Naturgesetzen folgt. *Nichtphysikalisches* würde sich deutlich von *Außerirdischem* unterscheiden und mehr dem ähneln, was üblicherweise als *spirituell* wahrgenommen wird.

2. Natürlich ist hierbei die wachsende Zahl von Menschen unberücksichtigt, die über außergewöhnliche Fähigkeiten wie Hellsichtigkeit oder eine mediale Gabe verfügen. Aber es handelt sich bei diesen Personen immer noch um eine kleine Minderheit, während die große Mehrheit die Existenz solcher Fähigkeiten leugnet und für unglaubwürdig hält.

3. Bei den meisten Digitalkameras werden CCD-Sensoren verwendet. CCD steht für *charge-coupled device* (übersetzt etwa: *ladungsgekoppeltes Bauteil*). In manchen teureren Kameras sind stattdessen CMOS-Sensoren eingebaut. CMOS bedeutet *complementary metal oxide semiconductor* (dt.: *komplementärer Metall-Oxid-Halbleiter*). In beiden Fällen besteht das Aufnahmebauteil der Kamera (Ladungsplatte) aus mehreren Millionen winziger individueller Sensoren (Pixel), die in einer (sechseckigen) Anordnung dicht gepackt arrangiert sind. Beide Sensor-Verfahren haben klare Vor- und Nachteile. Für die Orb-Fotografie ist wichtig, dass hoch-

wertige CCD-Sensoren eine größere Anzahl einzelner Photonen auf-
zeichnen können als hochwertige CMOS-Sensoren. Das liegt daran, dass
um jedes Pixel auf einem CMOS-Sensor mehrere Transistoren gruppiert
sind. Viele Photonen treffen daher auf die Transistoren statt auf die
Fotodiode und bleiben somit unbemerkt. Deshalb sind CCD-Kameras – die große Mehrzahl der Digitalkameras – für die Orb-Fotografie
besser geeignet, was aber nicht bedeutet, dass man mit CMOS-Kameras keine Orbs fotografieren kann. Unsere Untersuchungen haben
ergeben, dass man mit einer modernen CMOS-basierten Kamera vom
Typ Nikon D5000 durchaus auch Orbs aufnehmen kann, aber, wie
erwartet, erscheinen sie auf diesen Fotos seltener, und das Innere der
Orbs ist unschärfer (das heißt, es gibt mehr »Bildrauschen«).

4. Diese Aspekte werden in *Das Orb Projekt* ausführlich erörtert, vor
allem in dem von Klaus Heinemann verfassten Teil.

5. Zahlreiche Forscher befassen sich mit EVP (»electronic voice perception«, dt.:»Elektronisches Stimmen-Phänomen« = ESP). Dieses früher
als »Tonbandstimmen« bekannte Phänomen grenzt durchaus an die Orb-
Thematik. Ein direkter Zusammenhang zwischen Orbs und elektronischen
Stimmenaufzeichnungen konnte bislang jedoch nicht belegt werden.

1: Die Echtheit der Orbs

1. William A. Tiller: *Psychoenergetic Science: A Second Copernican-Scale
Revolution*. Walnut Creek, Calif.: Pavoir, 2007. www.tiller.org

2. Die Webadresse von Ed Vos lautet: www.dutchlightorbs.nl. Er besitzt Hunderte, wenn nicht Tausende von Fotos, auf denen Orbs zu
sehen sind, die mit herkömmlichen Fotokameras auf kommerziellem
Emulsionsfarbfilm aufgenommen wurden.

3. Ähnlich argumentierte auch Freddy Silva, ein bekannter Kornkreis-
Forscher, in einem Vortrag auf der Prophets Conference on Orbs and
Crop Circles (Juli 2008, Glastonbury, England). Entmutigt durch die
anhaltende Skepsis bezüglich der Echtheit der Kornkreise und weil
tatsächlich einige einfach gestaltete Kornkreise als Fälschungen ent-
larvt wurden (während andererseits viele authentische Kornkreise ein
überaus komplexes Design aufweisen), schlägt Silva vor, sich nicht län-

ger mit der Frage der Echtheit aufzuhalten. Stattdessen solle man die Exaktheit und Vielseitigkeit der Kornkreise erforschen. Ihr komplexes Design könne sehr wohl als gedankliche Inspiration den Menschen eingegeben worden sein, die dann, ohne sich dessen bewusst zu sein, die Kornkreise anlegen, statt einer primären Umwandlung andersweltlichen Denkens in einen unerklärlichen physikalischen Vorgang, durch den die Kornkreise erzeugt werden. Letztlich, argumentiert Silva, bleibt das »Wunder« das gleiche. Unser Ziel sollte es sein, die wahre Bedeutung dieser komplexen Muster herauszufinden.

4. Man kann argumentieren, dass ungefähr 1000 Photonen genügen sollten, um in einem mit einer CCD-Kamera aufgenommenen Digitalfoto das Bild eines Orbs zu erzeugen. Das Energie-Äquivalent von 1000 Photonen beträgt größenordnungsmäßig 1000 eV oder etwa 10–16 Joule (ungefähr 10–17 Kalorien; 10–19 BTU; 10–23 Kilowattstunden oder 10–16 Wattsekunden). Man benötigt etwa *eine Milliarde Milliarden Mal* so viel Energie, um eine 100-Watt-Glühbirne nur eine Sekunde lang brennen zu lassen.

5. Alle diese Annahmen werden in *Das Orb Projekt* erörtert.

2: Orbs als Symbole der Transformation

1. Dr. Leo Kim, Molekulargenetiker und Chef eines Biotechnologie-Unternehmens, Autor von: *Healing the Rift: Bridging the Gap Between Science and Spirituality*. Vortrag auf der *Science and Consciousness Conference* in Santa Fé, New Mexico, 2009.

3: Ortsgebundene Botschaften

1. »A Life in the Day: Klaus Heinemann«, *Sunday Times* (London), 31. August 2008.

4: Allgemeine Botschaften

1. Bei diesem Vortrag diskutierten wir in erster Linie Material, das in *Das Orb Projekt* behandelt wird.

7: Orbs bei epochalen Ereignissen

1. Harry Rathbun: *Creative Initiative: Guide to Fulfillment.* Palo Alto, Calif.: Creative Initiative Foundation, 1976. Vergriffen.

9: Orbs zu Hause

1. Abdruck der Zitate in diesem Kapitel mit freundlicher Genehmigung von Lisa und Amy Bradley.

10: Orbs mit Gesichtern

1. »A Life in the Day: Klaus Heinemann«, *Sunday Times* (London), 31. August 2008.

2. Abdruck der Zitate in diesem Unterkapitel mit freundlicher Genehmigung von Freda Chaney, Mount Vernon, Ohio, Februar–November 2009.

3. Über ihre Erfahrungen mit der Orb-Geschichte bezüglich *Die Mühle am Floss* schrieb Freda Chaney das Buch *George Eliot Lives: An Incredible Story of Reincarnation.*

4. Dt. Ausgabe: *Orbs – Der Schleier hebt sich.* Ein Film von Hope Mead und Randy Mead, 64 Minuten, AMRA Cinema DVD, Hanau 2011 (Special Bonus: 20 Minuten Orbs-Diashow mit meditativer Musik).

12: Spirituelle Heilung

1. Wenn wir von drittdimensionalen und viertdimensionalen Aktivitäten sprechen, meinen wir etwas völlig anderes als das, was man in der Physik normalerweise unter dreidimensionalem Raum und vierdimensionaler Raumzeit versteht. In der Sprache mancher spiritueller Lehrer entspricht die drittdimensionale Ebene unserer physikalischen Raum-Zeit-Realität. Der viertdimensionale Bereich ist die spirituelle Realität. Alles Mechanische, alles, was man berechnen und manipulieren kann, ist drittdimensional. Die Zehn Gebote sind dritt-dimensional, aber die *Haltung,* sie aus Liebe zu Gott, unseren Mitmenschen und der Welt zu befolgen, ist viertdimensional. Den Arztberuf zu ergreifen ist drittdimen-

sional, aber Mitgefühl ist vierdimensional. Die Beachtung der korrekten Handstellungen beim Reiki ist dreidimensional, aber die Sorge für das Wohlbefinden der Klienten ist ein viertdimensionales Bestreben.

2. Auf dieses Thema wird im Nachwort von *Das Orb Projekt* ausführlich eingegangen.

3. Aus unserer intensiven Erforschung der Orb-Fotografie haben wir unter anderem die folgenden Schlüsse gezogen:

✪ Als Emanationen von Geistwesen besitzen Orbs eine extrem hohe Beweglichkeit. Tatsächlich vermuten wir, dass ihre *normalen* Geschwindigkeiten um ein Vielfaches über der Lichtgeschwindigkeit liegen und dass sie normalerweise ständig in Bewegung sind und nicht im Ruhestand, wie es auch auf Wesen in unserer physikalischen Realität zutrifft.

✪ Geist-Emanationen können sich schnell ausdehnen und zusammenziehen. Es ist tatsächlich plausibel, dass die Fortbewegung der Orbs auf Expansion und Kontraktion beruht: Expansion auf eine Größe, bei der die gewünschte neue Position in die Orb-Sphäre eingeschlossen ist, gefolgt von einer Kontraktion, bei der die neue Position ebenfalls innerhalb der Kugel des Orbs bleibt. Das könnte sogar über gewaltige Entfernungen geschehen, sogar intergalaktische Entfernungen – es gäbe dafür keine räumliche Begrenzung.

Da die Gesamtenergie eines Orbs während einer solchen Expansions/Kontraktions-Sequenz vermutlich annähernd gleich bleibt, ungeachtet des Raumes oder Volumens, das er einnimmt, ist davon auszugehen, dass sich seine Energie*dichte* bei der Expansion und Kontraktion erheblich ändert. Je geringer die Ausdehnung des Orbs, desto höher seine Energiedichte. Demnach ist es denkbar, dass Orbs sich auf einen sehr kleinen Durchmesser zusammenziehen können, bei dem ihre Energiedichte dann erheblich ist. Wenn sie ihr Volumen auf den Durchmesser von Zellen oder sogar von Molekülen oder Atomen verkleinern können, besitzen sie vermutlich mehr als genug Energiedichte, um den Zustand von physikalischen Objekten, zum Beispiel Zellverbänden, tiefgreifend zu verändern – sie könnten chemische Verbindungen lösen oder erzeugen oder sogar ganze Zellen verdampfen.

○ Geistwesen sind hochintelligent. Die Beweise hierfür sind überwältigend und bedürfen keiner weiteren Erklärung. Im vorliegenden Buch und in *Das Orb Projekt* präsentieren wir zahlreiche Beispiele, die diese Tatsache belegen. Es ist sogar die Annahme durchaus vernünftig, dass die Intelligenz hoch entwickelter Geistwesen die menschliche Intelligenz bei Weitem übertrifft. Beispielsweise gibt es die These, dass Bewusstsein sich in der spirituellen Realität manifestiert, wo es sich mit praktisch unendlicher Geschwindigkeit bewegen kann und keinerlei Alterungsprozess unterliegt – vielleicht analog zur Supraleitfähigkeit in der physikalischen Realität –, aber zu jedem Zeitpunkt durch jedes Wesen angezapft werden kann, das über die entsprechenden »Antennen« dafür verfügt. Von unserem physischen (menschlichen) Bezugsrahmen aus gesehen sind Geistwesen in der Lage, alle Arten von Informationen und Wissen zu erlangen, und zwar mit unendlicher hoher Geschwindigkeit – auch das Wissen, das erforderlich ist, um eine körperliche Erkrankung zu heilen. Und ihr Handeln auf Grundlage dieses Wissens kann ebenfalls unendlich schnell erfolgen.

4. In der Wissenschaft ist es üblich, eine Hypothese als Faktum zu präsentieren, ohne Einschränkungen und »Kleingedrucktes« wie »Möglicherweise«, »Ist denkbar« oder »Nehmen wir an«. Die Hypothese wird dann überprüft. Wenn sie allen kritischen Argumenten standhält, wird sie zu einer akzeptierten Regel oder einer anerkannten Methode. Unsere Hypothese hat bislang verschiedene Tests bestanden, aber noch keine allgemeine Anerkennung gefunden.

5. In manchen Fällen werden während einer sichtbaren Operation tatsächlich Gewebeteile entfernt – manchmal bis zu einer Größe von mehreren hundert Kubikzentimetern. In solchen Fällen stellt die Entfernung dieses Gewebes sicherlich einen wichtigen sekundären Grund für die sichtbare Operation dar.

13: Das O'Jack-Phänomen

1. Die Begriffe *Schwingung* und *Schwingungsfrequenz* besitzen in der Wissenschaft sehr spezifische Bedeutungen, die manchmal inkompatibel mit ihrem Gebrauch im Kontext von ganzheitlicher/spiritueller Heilung und/oder New-Age-Philosophie/Spiritualität sind. Oft wird der Begriff *Frequenz* dort gebraucht, wo eigentlich *Amplitude* angemessener wäre, was in der unterschiedslosen Folgerung gipfelt, dass es wünschenswert wäre, »Schwingungsfrequenzen anzuheben«.

Alles schwingt, und im Prinzip besitzt alles, was existiert, seine charakteristische Schwingungsfrequenz, von subatomaren Teilchen bis zu lebenden Zellen und ganzen Organen. Zwar trifft es zu, dass eine Zelle (oder eine Gruppe von Zellen), die »krank« ist (sprich: geschädigt, in ihrer Funktion gestört) andere typische Schwingungsfrequenzen aufweist wie eine gesunde Zelle. Doch diese »falschen« Frequenzen können niedriger oder höher sein als bei der gesunden Zelle. Das hängt ganz vom jeweiligen Zustand der Zelle ab. Es ist daher keineswegs immer angemessen, die Schwingungsfrequenz anzuheben. Es kann durchaus genauso viele Situationen geben, in denen eine Absenkung der Frequenz sinnvoll und heilsam ist. Frequenzanpassung oder -harmonisierung wäre hier eine angemessenere Bezeichnung.

Die Frequenz einer Welle ist von strukturellen Gegebenheiten abhängig, d. h. sie erhöht sich oder sinkt, wenn eine strukturelle Veränderung erfolgt, etwa eine Zellmutation. Die Amplitude zeigt die Stärke an. Sie erhöht sich oder sinkt entsprechend der Energie. Oft ist es das angemessenere Ziel, die Amplitude der Welle zu erhöhen, besonders wenn man eine »gesunde Schwingung« anstrebt. Die Wirksamkeit von Atemtechniken, wie sie bei der Netzwerk Chiropraktik, der Quantum Touch Heilung, dem Rebirthing oder vergleichbaren ganzheitlichen Heilverfahren eingesetzt werden, ist höchstwahrscheinlich auf eine erhöhte Amplitude zurückzuführen und nicht auf eine veränderte Frequenz des Energiefeldes des Heilers.

2. Kürzlich berichtete mir Dr. Vafa Michael Mayaddat, dass er ein ähnliches Foto mit aufgesetzter Schutzkappe gemacht hat. Das geschah aber nur ein einziges Mal, vor vielen Jahren. Wie er sagt, war sein Bewusstseinszustand bei diesem Vorfall alles andere als alltäglich gewesen. Er war damals ein junger Student und Amateurfotograf und hatte

gerade einem Vortrag von Dr. William Tiller und Stanislav O'Jack an der Stanford-Universität beigewohnt. Eine Kombination aus dem intensiven Wunsch, das, wovon dort berichtet worden war, zu reproduzieren, und einem starken Unbehagen über seine damalige persönliche Situation führte dazu, dass er in seinem Studentenwohnheim das Foto aufnahm, und zwar auf einem Kodak-Diafarbfilm.

3. William A. Tiller: *Some Science Adventures with Real Magic.* Walnut Creek, Calif.: Pavior Publishing, 2005.

14: Eine erweiterte Perspektive

1. Natürlich gibt es, wie wir bereits an anderer Stelle erwähnt haben, Vorfälle, bei denen Geistwesen angeblich gesprochen oder schriftliche Botschaften übermittelt haben sollen. Doch diese Botschaften waren nicht für alle Menschen wahrnehmbar, sondern nur für einige wenige, die über eine besondere Wahrnehmungsgabe verfügten. Darum ließen sich die Argumente der Kritiker, die an der Echtheit dieser Vorfälle zweifelten, nur schwer entkräften.

2. Dieses Konzept wurde in dem von Klaus Heinemann verfassten Buch *Expanding Perception* näher untersucht. New York: Word Association Publishers, 2004.

Anhang B: Über die Echtheit von Orbs

1. Dieser Befund eines Orbs, der unter Reinraumbedingungen, ISO 14644-1 Klasse 7, fotografiert wurde, stammt von Dr. Ulrich Volz und Dr. Andreas Burkart, Konstanz (Februar 2009). Zwar ist der Beweis der Echtheit von Orbs nicht Gegenstand dieses Buches, aber für die Glaubwürdigkeit der Orb-Thematik generell ist er von großer Bedeutung, und daher präsentieren wir dieses aufregende Experiment im Anhang.

DANKSAGUNG

Dieses Buch wurde durch zahlreiche Orb-Enthusiasten inspiriert, die *Das Orb Projekt* gelesen hatten und uns daraufhin ihre Orb-Fotos mit entsprechenden Berichten zusandten. Zu ihnen gehören: Joe Alfieri, Cindy Andrews, Susan Anthony, Jenny Ayers, Sharon Bailey, Amanda Bayer, Claudia Birk, Carol Boyette, Lisa Bradley, Berry Ann Brown, Karin Budni, Freda Chaney, Michelle Choquet, Marcia Cochenauer, Susan Cothern, Bob Ding und Diane Rose, Janice Driver, Dana Dureya, Toni Felice, Tamra Fleming, Lee Foster, Aimee Freeman, Larry Fulton, Adriana Galvez, Marie-Annick Glon, Horst Gruenfelder, Doug Hackett, Wayne Harman, Annabel Heinemann, Deidre Heppell, Sherri Herrmann, Andrew van Hoffelen, Linda Horton, Linda Moulton Howe, Flicka Johnson, Gary Jones, Iris Kaufmann, Charlie und Jann Kiesel, Hanna Kluner, Herb Lebherz, Rhonda Leslie, Coral Leybourne, Kay Marie Lobo, Connie und Rob Maday, Ursula Maeder, Camila Martinez, Beverley Massey, Claire Mataira, Colleen May, Laura McClellan, Malcolm McLean, Hope Mead, Negin Minaee, Kay McCue, Dominick Nicolotti, Barbara Ostby, Darren Owen, Elke Paul, Frank Peters, Renée Pisarz, Grazyna Prykiel, Wes Rockie, Rhea Sampson, Sandra Sanders, Peter Schur, Elizabeth Severino, Vanessa Shuba, Christine Sigg, Charles Spangler, Goran Spasowski, Marcin Stasewski, Renate Strang, Susan Strine, Carol Thornton, Sandra Underwood, Ulrich Volz, Ed Vos, Margaret Weber, Manuel Weihrauch, Elizabeth Whitfield, Alan Whitley, Diane

Wipperfurt, Grace Wu und Zane und Julia Zane. Zwar konnten wir nur einen Bruchteil dieser Berichte in das Buch aufnehmen, aber sie sind alle wertvoll und bestätigen und untermauern jene, die wir ausgewählt haben.

Ein besonderer Dank gilt außerdem Dana Duryea und Elke Paul dafür, dass sie eine frühe Fassung des Manuskripts lasen und uns ihre Gedanken dazu mitteilten. Virginia Essene und Freda Chaney haben unabhängig voneinander das Manuskript gründlich durchgesehen. Wir danken ihnen für ihre zahlreichen wertvollen Anregungen.

Auch danken wir von Herzen dem Medium João Teixeira de Faria für seine Ermutigung während der Entstehung dieses Buches. Wir danken Hazel Courteney dafür, dass sie den Kontakt zu ihrer Literaturagentin Susan Mears herstellte, die begeistert mehrere potenzielle Verlage für uns fand, von denen wir uns schließlich für Hay House entschieden, weil deren exzellentes Buchprogramm uns seit Jahren beeindruckt. Wir waren tief beeindruckt von der Erfahrung, Hingabe und Pünktlichkeit des Lektorats bei Hay House. Hier danken wir insbesondere Laura Koch und Melanie Gold, ohne die der ehrgeizige Zeitrahmen für die Veröffentlichung nicht hätte eingehalten werden können.

Vor allem aber danken wir den Wesen aus der größeren Realität für ihren Beitrag zu den Fotos und deren Interpretationen in diesem Buch.

ÜBER DIE AUTOREN

Klaus Heinemann wurde in Deutschland geboren und ist dort aufgewachsen. Er besitzt einen Doktorgrad in Angewandter Physik der Universität Tübingen. Dr. Heinemann arbeitete viele Jahre lang in der Werkstoffforschung bei der NASA und an der Universität von Kalifornien (UCLA) sowie als Professor an der Stan-

ford-Universität. Er beschäftigte sich außerdem freiberuflich mit der technischen Entwicklung von Solarenergieanlagen und Ozon-Wasserreinigungsanlagen. Auf diesen Gebieten besitzt er mehrere Patente.

Gundi Heinemann hat in Deutschland Pädagogik studiert und unterrichtet zahlreiche alternative Heilverfahren. Sie betreibt eine Wellness-Praxis in Kalifornien.

Die Heinemanns sind seit über vierzig Jahren verheiratet und leben in der San Francisco Bay Area. Man kann sie über ihre Webseite kontaktieren: www.theHeinemanns.net.

»Erfahren Sie das Geheimnis, das uns alle verbindet!«

WITH ONE VOICE – DIE GEMEINSAME STIMME DER RELIGIONEN

Ein Film von Eric Temple
78 Minuten und Special Bonus:
Trailershow, Filmclips, Interviews
Amra Cinema DVD, € 22,95

ISBN 978-3-939373-67-4

Zum ersten Mal sind 22 große Mystiker aus 14 großen spirituellen Traditionen der Welt zusammengekommen, um ihre persönlichen Erfahrungen miteinander zu teilen. In einer lebensbejahenden Dokumentation über das Wesen des Göttlichen und den Weg zum spirituellen Erwachen zeigen sie, dass alle unsere Probleme in Wahrheit eins sind: dass wir die Verbindung mit der unendlichen Quelle, die uns erhält, verloren haben. Und sie zeigen, dass wir kurz vor der Lösung stehen: der erneuten Anbindung, damit wir mit einer Stimme reden können.

MYSTICAL MUSINGS

Der Soundtrack zu »With One Voice«
komponiert von Michael Josephs
Amra Records, 43 Minuten; € 17,95

ISBN 978-3-939373-66-7

Ein einzigartiges Arrangement von Instrumenten, Stimmen und Melodien, darauf abgestellt, im Zuhörer ein Gefühl von Frieden und Gegenwärtigkeit wachzurufen, das mit den Botschaften dieser bewussten und offenherzigen Menschen in Harmonie steht.

Trailer und Hörproben auf www.AmraVerlag.de

»Was wir sehen, ist nur der Anfang.«

ORBS – DER SCHLEIER HEBT SICH

Ein Film von Hope Mead & Randy Mead
64 Minuten und Bonus: 20 Minuten
Orbs-Diashow mit meditativer Musik
Amra Cinema DVD, € 24,95

ISBN 978-3-939373-63-6

Schillernde, kreisrunde Lichtkugeln, Orbs genannt, tauchen seit einigen Jahren auf den Fotos von Digitalkameras auf – überall auf der Welt. Was hat ihr Erscheinen zu bedeuten? Sind es wirklich Boten einer größeren Realität? Der erste Dokumentarfilm, der Wissenschaftler, Experten und spirituelle Lehrer zusammenführt, widmet sich diesem Phänomen. Er zeigt, was für epochale Veränderungen gerade stattfinden und dass der Schleier zwischen den Dimensionen dünner wird, je mehr unser Bewusstsein wächst.

MUSIC FOR ORBS

Lichtvolle Schwingungen für den Aufstieg
von David Michael & Randy Mead
Amra Records, 74 Minuten; € 19,95

ISBN 978-3-939373-65-0

Orbs werden von den Schwingungen der Liebe und Freude angezogen – besonders gerne bei Gesang, Tanz, Meditation und Gebet. Diese CD mit 22 meditativen Kompositionen erleichtert es, mit Orbs in Verbindung zu treten und sie zu fotografieren. Erleben Sie die Magie der Orbs!

Trailer und Hörproben auf www.AmraVerlag.de

Tom Kenyon

AUFBRUCH INS HÖHERE BEWUSSTSEIN. DIE HATHOREN-BOTSCHAFTEN

Wie wir die Herausforderungen unserer Zeit meistern

240 Seiten, gebunden,
mit Musik-CD und Fototeil
Amra Verlag, € 19,95

ISBN 978-3-939373-31-5

Die Hathoren sind eine Gruppe interdimensionaler Wesen, die in Ägypten durch die Göttin Hathor wirkten. Sie arbeiten in der fünften bis zwölften Dimension des Bewusstseins und verschaffen ihrer himmlischen Musik und ihren Botschaften in unserer Zeit durch Tom Kenyon Ausdruck. Das vorliegende Buch versammelt weltweit erstmals ihre seit 2003 vorwiegend im Internet verbreiteten Botschaften.

»Wenn ihr bereit seid, eine neue Welt aufzubauen, laden wir euch ein zu einer Reise des Verstandes und des Herzens. Wir sind eure älteren Brüder und Schwestern. Wir sind das, was ihr eine aufgestiegene Zivilisation nennen würdet. Wir sind gewachsen, so wie ihr gewachsen seid, aufsteigend zu der Quelle all dessen, was ist.«

Mit Musik-CD zur Aktivierung der Zirbeldrüse!

Tom Kenyon ist Klangheiler, Opernsänger, Gehirnforscher, Schamane und Lehrer jedes größeren Transformationssystems, des tibetischen Buddhismus, Taoismus, Hinduismus, esoterischen Christentums und der Hohen Alchemie Ägyptens. Seit Jahren bereist er die ganze Welt, um das Wissen der alten Kulturen und die Venusenergie der Hathoren weiterzugeben.

Leseproben auf www.AmraVerlag.de

Kabir Jaffe &
Ritama Davidson

INDIGO-ERWACHSENE.
WEGBEREITER
EINER NEUEN
GESELLSCHAFT

Sind Sie eine Indigo-Seele
und wissen es nicht?

208 Seiten, gebunden,
illustriert, mit Leseband
Amra Verlag, € 19,90

ISBN 978-3-939373-10-0

Eine neue Art Mensch tritt in Erscheinung, als nächster Schritt in der Entwicklung der Menschheit. Es sind visionäre und kreative Frauen und Männer,
fortschrittlich, sensibel und unabhängig. Sie sind frustriert vom bestehenden
Gesellschaftssystem und wollen zu einer besseren Welt beitragen. Sie ver-
körpern neue Auffassungen, ein anderes Denken und Fühlen.

Vielleicht sind Ihnen Indigo-Kinder ein Begriff, und Sie haben nie daran gedacht, dass viele davon bereits erwachsen sind. Das vorliegende Buch hilft Ihnen
herauszufinden, ob Sie ein Indigo-Erwachsener sind. Die Autoren beschreiben
die Eigenschaften dieser Generation. Sie helfen diesen Menschen, ihr ganzes
Potenzial zu leben und ihrer Bestimmung zu folgen.

Mit einer Checkliste typischer Indigo-Merkmale!

Kabir Jaffe ist als Psychologe mit umfassender Ausbildung in Humanistischer
und Transpersonaler Therapie seit 30 Jahren auf dem Gebiet der Bewusstseins-
forschung tätig. Ritama Davidson war professionelle Tänzerin und arbeitete
lange Jahre als Energietherapeutin in eigener Praxis. Gemeinsam gründeten sie
1994 das Essence Training Institute, das seitdem beständig wächst in Europa,
Südamerika und den USA.

Leseproben auf www.AmraVerlag.de

www.amraverlag.de

Ich hoffe, dass diese Botschaft
der Liebe nicht nur Ihre Kinder
inspiriert, sondern auch Sie.

Ihre Louise L. Hay

40 Seiten im Großformat
durchgehend farbig
€ 14,95; ISBN 978-3-939373-28-5

Lulu schloss die Augen, und plötzlich konnte sie sich selbst vor
sich sehen – im wunderschönsten Theater, das sie sich überhaupt
vorstellen konnte.

»Und jetzt«, fuhr die kleine Ameise fort, »siehst du dich auf der Bühne
tanzen. Du bist die hübscheste und anmutigste Ballerina, die es jemals
gab. Siehst du es?«

Lulu sah es. Sie war so aufgeregt, dass sie beinahe die Augen geöffnet
hätte, aber sie wollte, dass dieses Gefühl für immer anhielt. Sie war
da auf der Bühne und tanzte ganz hinreißend – auch wenn ihre Beine
immer noch ein wenig dünn waren.

Langsam verblasste dieses Bild, und sie öffnete die Augen wieder.

»Ich hab's gesehen!«, rief sie. »Ich war so wunderschön und habe so
anmutig getanzt! Oh, ich danke dir! Jetzt weiß ich einfach, dass ich
eine wundervolle Ballerina werden kann, wenn ich nur will!«

Bestell-Hotline: +49 (0) 61 81 – 18 93 92   *Überall erhältlich!*